島の反乱、一九四八年四月三日

済州四・三事件の真実

玄吉彦・著
玄善允・訳

同時代社

目次

凡例

1　本書は玄吉彦「섬의 반란、1948년 4월 3일」の翻訳書である。なお、原書の第2章を割愛したが、代わりに原書にはない「済州四・三事件日誌」を付け加えた（詳細については「訳者あとがき」を参照のこと）。

2　著者による原注は、＊を付した。

3　本文中、〔〕にある記述は、訳者が補足として付したものである。

4　用語について、南労党済州島（道）委員会は、（南労）党済州、そのほか（南労）党中央、（南労）党全南、（南労）党全北などと用語を簡略化して統一した。第九連隊、九連隊などは、第九連隊に統一した。その他の軍隊の名称もそれに準じる。

5　「済州島」と「済州道」の名称について、どちらもハングルでは同音で、区別がつきにくいが、本書では済州が「道」に昇格した一九四六年八月一日付で「済州道」の呼称を記すことを基本とした。しかし実際には行政名が変わっても旧来の「島」を使っていた組織や個人もいるので、「島」を使っていたり、たんに「済州」としている場合もあるが、いずれも同じ場所を指している。ただし、市としての済州の場合は、「済州市」として区別している。

金寧里
咸徳里
朝天里
新村里
旧左面
旧左里
三陽里
善屹里
臥屹里
終達里
奉蓋里
始興里
松堂里
朝天面
古城里
我羅里
大川里
橋来里
城山面
城邑里
表善面
加時里
南元面
水望里
新興里
表善里
兎山里
衣貴里
南元里
為美里
下礼里
西帰浦

四・三事件当時の済州地図・地名

まえがき

大韓民国政府は、南労党が自由民主主義政府の樹立に反対して起こした「反乱の日」を、「四・三犠牲者追悼の日」に定めた。このような歴史のアイロニーを目にしながら、『島の反乱、一九四八年四月三日』を読者にお届けすることになった。

済州四・三は私の小説の土壌だった。それは私の美しい少年期を翻弄した暴風雨だった。小説を書くようになったのも、その悲劇的な事件の根源に対する問いのためだった。朝に会った人に夕べにも会えたらどれほど嬉しかったかと、あの悪夢の歳月が終わってから家の大小の用事で集まると、大人たちは語った。厳しい運命を辛うじて生き延びた者として、先ずは亡くなった人たちの苦痛と「恨」について証言した。怒りや憎悪や怨恨の気配もなく、実に淡々と話す表情と口ぶりから、私は文学の生理というものについて考え、学びもした。九歳だったあの頃のことが昨日のことよりもまざまざと生き残っているのは、話を聞きながら、物語の根源について考えずにおれなかったからである。

昨夏、私の人生において全く予想だにしなかった実にひどい経験をする羽目に陥った。参与（盧武鉉）政府期に作成された『済州四・三事件真相報告書』（以下『報告書』）に対する私なりの考えを

『本質と現象』誌に掲載したところ、済州四・三関連団体と一部の地方メディアが口にするのもおぞましい侮蔑的な言葉で私を罵倒してきた。最初はいくぶん衝撃を受けたが、やがて、そんな雰囲気もほんの一部のことにすぎないことが分かった。また、私の文章を非難した人たちでさえも、四・三に関する知識が薄っぺらで理念的だということが分かり、あの事件の真相を、私なりに事実（ファクト）を中心に記しておかねばという義務感に駆られるようになった。

歴史的事実に対する認識は個々の歴史意識によって異なるとしても、そのすべてに共通しているのは、事実（ファクト）に基づくという前提だろう。ところが、あの『報告書』は「過去史清算」という政治理念を実現するために必要とされた「政治文書」の類にすぎず、歴史的事件を復元しようとする真摯さを欠いていた。したがって私としては、四・三事件を客観的資料によって歴史的に復元する文章と、私の直接的な経験談とを合わせて、読者の皆さんに差し出すことにした。

それらの文章があの事態の真相を完璧に明らかにしたなどとは言えないかもしれない。私は歴史学者でもなく、この四・三を政治的に利用しようとする類の人間でもないので、周辺部地域の歴史的状況を探索する作家のスタイルで、本書を構成する文章を紡いだに過ぎない。ところが、その最終校正を読んでいたところ、政界で起こった歴史的アイロニー（四・三追悼日制定）に関して、自分なりに納得のいく回答が思いあたった。

済州四・三事件が起こり、それを鎮圧するために第一一連隊を派遣する過程で反乱（いわゆる麗水・順天事件）が起こった。それを深刻視した政府が本格的な粛軍作業を実施し、その過程で問題があったことは確かなのだが、韓国軍内部の共産主義に同調する勢力とフラクションを完全に除去することができた。もし万一、あの時に粛軍がまともになされていなかったならば、六・二五戦争の様相もすっかり異なっていただろう。考えがそこにまで及ぶと、背筋がひやりとした。なるほど、だからこそ政府は、自由民主主義国家建設を拒否して起こされた「反乱の日」を、事件の犠牲者追悼の日に定めることにしたのかと、歴史のアイロニーに関して得心するに至ったのである。

玄吉彦

二〇一四年三月

第1章　済州四・三事件の実相

一九四八年四月三日

韓国の国土南端に位置する小さくて暖かい地、年中美しい風光で、世界中の人々に自然の寛ぎを伝える済州島。その島で一九四八年四月三日午前二時に、漢拏山《ハルラ》の中腹にある幾つかのオルム（岳）から烽燧《のろし》が上がった。それを合図に武装した南労党人民遊撃隊は島内一二カ所の警察支署を襲撃、警察官を殺害し、五・一〇選挙関係者を始め右翼団体人士とその家族に対するテロなど、血の反乱を起こした。三八度線以南において、南労党が主導して組織的に起こした最初の武装反乱だった。その後も継続した選挙妨害によって、北済州郡の二つの選挙区は投票者未達で選挙無効になった。朴憲永が主導する南労党の単選単政反対闘争が成功したのは済州だけだった。そうした事件が、韓国の周辺地域であるその島でどうして起こりえたのか？　地主と小作人の対立関係や労使の葛藤などなかったその地が、社会主義国家建設の実験台になり、住民たちは残忍な血の歴史といった余りにも高価な代価を払うことを余儀なくされた。

周辺地域の「島」

東経一二六度、北緯三三度に位置し、広さが一八二四平方キロメートルの済州島は、海抜一九五〇メートルの漢拏山がすべてである。その山の連なりが海に向かって四方に下りながら伸びていく山腹に、数々のオルムを抱える草原が広がっており、さらに下るとようやく農業が可能な農耕地を中心に集落が形成されている。農耕地といっても石だらけの荒れ地を開墾した畑にすぎず、それが長く伸びた石垣によって区分けされ、海風から身をひそめるように草家がところどころに集まっている。それらの村々は漢拏山の一部なのだから、済州は漢拏山であり、漢拏山は済州ということになる。

この島は本土の南端である木浦から一四二キロメートル、釜山からは二八六キロメートルの距離にある。済州から三五〇キロメートルで福岡があり、五三〇キロメートルに上海がある。済州を中心に八〇〇キロメートルの範囲内に南京、沖縄、大阪が、一二〇〇キロメートル半径内に北京、台北、東京が入る。そのように済州島は韓国の領土に属してはいるが、世界の幾つかの地域と円滑に交流できる地理的な位置にある。したがって、本土を通じて入ってくる北方系文化と海上を通じて流入する南方系文化が混ぜ合わさった独特な文化を創りだすようになった。

元来、済州島は独立王国・耽羅だった。高麗時代に耽羅星主（国王）の高自堅が太子高末老を高麗に入朝させて以降、二国間には実質的な主従関係が形成された。ところが、文宗八（一〇五四）年には済州に耽羅郡が設置され、さらに毅宗七年には耽羅は郡から県に降格されて行政権限は県令に移管した。その時から済州は高麗中央政府に所属する一つの県に過ぎなくなった。朝鮮朝になると中央集権制が強化されて、済州に一牧二郡を設置し、行政は中央から派遣された官吏が管掌した。日帝の植民地期には全羅道に付属し、警察署長が島司を兼ねた。

済州の人々は漢拏山の中腹の草原で牧畜を、小さな耕作地で畑作農業を行って暮らしていた。島でありながら主産業は牧畜と畑作農業だったのである。地質が特殊で、漢拏山から湧出する水は集まって海に流れ落ちた。その過程で水の多くは地下に潜り込んでしまうので、島内の川の大部分は乾川である。したがって、地下水や水道施設がなかった時代には水が希少だった。済州の人々はそうした自然の与件を、高終達説話[*1]などを通して説明し、自らを慰めた。

農地のほとんどは畑で、その畑も大小の石だらけで農作には不都合だった。畑は石垣で画されたが、延々と続く畑垣を積む石はすべて、石だらけの荒れ地を開墾する過程で取り出したものだった。そのように、済州の人々は荒地を掘り返し、石を取り出して、農耕地を作った。

農地は狭くて痩せており、収穫は多くなく、食糧自給が難しかった。それでも人々は農作に頼り、海の利用には関心を持たなかった。済州は島でありながら、その中心文化は海洋文化ではなく、農耕文化だった。文化の中心地域も開化期以前には中山間部落だった。済州の行政官庁である済州牧以外の大静と城邑の県庁は、中山間部落にあった。日帝植民地期に入って、海岸の集落をつなぐ一周道路（新作路）を開設し、中山間部落にあった面事務所をそこに移した。警察の駐在所や初等学校もそこに建てた。こうして海岸集落が文化の中心地になった。

日本は漁業を占有し、西帰浦、翰林、城山浦を漁業基地化したので、済州の人々も海に対する関心を持つようになった。この三つの集落は開化期以前には海岸防御の小さな集落に過ぎなかった。漁業と言っても、海女の海女仕事とテウ（済州伝統の筏《いかだ》）を利用した原始的方法による沿岸での漁労に過ぎず、漁業技術が脆弱だった。大部分の漁労作業は王への進上品を取るためのものだった。そのように海に対する関心が不足していたのは、土着の高・梁・夫の三つの姓を除いた大部分の人々が、外地からの渡来人だったためである。彼らはもっぱら農耕生活をしていた。

済州では土着人と渡来人の区分がない。すべて済州人である。また島でありながら、文化的には本土文化を志向し、海よりも陸に対する関心が高く、儒教的文化を志向した。親戚観念が強く、冠婚葬祭の儀式を重視し、両班文化に対する郷愁を持っていた。体面を重視する気質を持ちながらも、痩せて厳しい島の環境で生き延びるために実利を追求もした。

地理的な与件によって生活環境が劣悪なだけでなく、気候も生活には適していなかった。夏には湿気が多く、旱魃が深刻な時があるかと思えば、その反対に雨が多く、晩夏には台風の道筋に位置しているために、せっかくの畑作農業の成果も無駄になることが多かった。冬には寒く、風が強く、漁労作業の最中に被害を被ったりした。漢拏山は林産資源を除いては鉱物資源がなく、産業の動力になりそうなものはなかった。一九六〇年代まで、済州の人々は産業生産性が脆弱な厳しい環境で暮らしていた。

＊1　済州からこの世を支配する大人物が生まれることを恐れた中国の王が風水師を済州に送り、大人物が生まれる地脈を断ったために、済州には大人物が生まれず水も希少になった、という説話である。

日本の植民地期の済州島

日本の植民地期に、日本は済州を産業と軍事戦略の要衝地と見なした。地政学的環境から、日本本土の防衛にあたって重要な役割を果たす地域と判断したのである。彼らは済州に漁業基地を作り、軍事的要衝地として利用しようとした。一九三七年に中日戦争が終わると、ただちに慕瑟浦に飛行場を建設して大村海軍航空隊を設置し、大陸侵攻の前哨基地として利用しようとした。第二次大戦末期である一九四五年初頭から日本軍は、済州を本土防御のための戦略的軍事要塞地と見做し、数多くの兵力を駐屯させた。

一九四五年四月、日本軍は済州島に陸海軍を統率する第五八軍司令部を設置し、その指揮下に第九六師団、第一一一師団、第一二一師団など三個師団と一個の独立旅団と野砲兵連隊、空兵旅団、輜《し》重《ちょう》兵連隊などを配属した。彼らは漢拏山の山腹と海岸の要衝地に軍事施設を構築した。済州には日本軍兵力約六～七万が駐屯するようになった。日本軍は、米軍による沖縄陥落の暁には、済州島を本土防衛にあたっての戦略的要衝地として活用しようとした。

済州島は日本軍と米軍とが最終決戦を交えるための戦略地になり、そのために官が主導して住民を陸地（済州における朝鮮半島の呼称なので、以下では、本土とする）に疎開・移住させる計画を立てた。しかし、住民をのせて本土に向かった輸送船が米軍機の爆撃で甚大な被害を受けた結果、その作戦は保留となった。軍事基地を構築するために島民は労力動員に駆り出され、しかも、戦争物資の強制供出によって、元来から産業生産性が脆弱な住民の暮らしはますます困難になった。

日帝植民地期に済州の人々の多くが日本に渡り、工場労働などをしながらお金を貯めて故郷に送金した。彼らは日本の産業現場の中でも最も劣悪な条件下で働いた。女性は主に紡績や裁縫などの仕事に携わり、男性は鉄工所などで働いた。初等学校だけを終えた青年たちは昼には働き、夜には夜間中学に通って勉強したりもした。大阪の在日朝鮮人人口の六一％が済州人だった（四・三事件真相究明と犠牲者名誉回復委員会、『済州四・三事件真相報告書』二〇〇三年、七〇頁、以下、「委員会」、『報告書』）。

このように大阪の済州人が増加するにつれて済州と大阪を往来する定期旅客船「君代丸」が就航したが、その船舶会社の横暴に対して、済州人は組合を作って耽羅丸を就航させるなど抵抗を試みた。しかし、成功には至らなかった。

日本とのそうした交流は済州文化に影響を与えた。学問への関心と新しい生活方式に対する進取の態度が形成された。人々は生活の助けにならない伝統的な慣習から脱皮し、実用的な生活方式を好むようになった。さらに、教育に対する欲求が昂じた。その結果、各面に小学校が一、二カ所設立され、男子の大部分は小学校課程を終えるようになった。中等課程の学校としては済州農学校が唯一のものだった。しかし、解放を迎えると、各面に中学課程として高等公民学校、中学院が設立され、二、三年後にはそのすべてが正規の中学校になった。解放後のほんの数年で、各面に中学校が一カ所以上建てられた。

農業学校は済州のエリート養成教育機関だった。そこを卒業すれば、面事務所、面農会、初等学校などに就職し、地域社会のエリートとしてあらゆる面で主導的役割を果たした。経済的余力がある人々の場合は、光州やソウルなど本土の学校に進学した。

済州の村々は集姓村ではないが、中心となる姓氏があった。大きな村では中心的な姓氏が二つないしは三つあり、小さな村では一つの姓氏が中心になる場合が多かった。そんなわけで、中山間部落では中心的な氏族によって親戚共同体が形成され、すべての生活規範と生活方式に大きな影響を及ぼした。場合によっては村落同士、また村落内の幾つかの姓氏間で葛藤が生じもしたが、それはむしろ競争をもたらすなど肯定的に作用した。

済州の人々は両班意識が強かった。両班と言っても、少数の家門を除いては郷校に出入りする程度のものに過ぎなかったが、家門の威信を維持するために氏族共同体をますます強固にした。人々は両班を志向したが、実際には、本土のように一地域の政治と文化を先導するような土豪両班勢力は脆弱だった。したがって、常に陸地から派遣されてきた官吏によって支配されてきた。もちろん、一部の地方勢力が外地勢力を牽制する場合もあったし、外地人に対する排他的な感情が表出される場合もあった。その淵源はと言えば、王朝時代に済州に赴任してきた外地人官吏の横暴、開化期以後に起こった民乱の火種を外来人が提供したという事実、日帝植民地期の日本人に対する敵対感情などが混合されて形成されたものだった。

そうした人文、自然環境の中で、日帝植民地期においても土着の社会主義者たちは、多様な形態で地域文化を主導してきた。ところで、済州は伝統的な農耕社会ではあったが、地主と小作人の対立関係が形成されていたわけではなく、労使の葛藤が生じるほどに産業施設が多くあるわけでもない社会構造だったので、社会主義理念を持った人士たちは、住民の民族意識を高揚し、生活改善のための啓蒙事業を主導した。夜学や一部の初等課程の簡易学校を運営したのもその一環だった。日帝植民地期には島内の各機関長は日本人だった。特に初中等教育機関の校長は日本人で、教員中にも日本人が多く、学校では植民教育を徹底して行った。また、島と郡の行政官署や警察駐在所も、面長が地域の人士だったという例外を除くと、幹部級はすべて日本人だった。

解放期の済州の風景

戦争は終わったが、済州に駐屯していた日本軍の降伏文書調印と武装解除は、本土よりも遅れた。ソウルでは九月九日、米軍中将ホッジが阿部信行朝鮮総督から降伏文書を受け取った。ところが済州駐屯軍に関する降伏文書は別途とされた。九月二八日に米第一八四歩兵連隊グリーン大佐は、日本軍司令部が置かれていた済州農業学校で、第五八軍団遠山登司令官から降伏文書を受け取った。そして同じころに武装解除チームが到着し、日本軍の武装解除を行った。

敗戦後、日本軍約五万名は一〇月二三日から一一月一二日まで一〇回に亘って米軍のLST便で送還された。日本軍に配属されていた約一万七〇〇〇名の朝鮮人兵士と労務者は既に九月初めに帰郷していた。日本軍と共に日本民間人約八五〇名も送還された。

日本軍降伏から武装解除がなされるまで、日本軍の横暴は甚だしかった。軍需物資を闇取引する一方で、住民が食糧難にあえいでいるのに軍糧米をすべて焼却してしまった。第五八軍団は約四カ月分の軍糧米を備畜していたが、それは済州島住民の五〇日間の食糧に相当した。戦争は終わったが、済州は平穏ではなかった。

戦争を逃れて本土に行っていた人々と日本に出稼ぎに行っていた人々が帰還し始めた。帰還同胞たちは帰国時に持ち帰る物品が制限されたために、いざ故郷に戻ってきても生活が苦しかった。日本で工場労働をしながら勉強した人々は、そこで労働運動を体験するなど広い生活経験があったために、政治と社会に対する認識が進んでいた。

徴用や徴兵で外地に出ていた青年たちが帰国したが、故郷はその人たちの帰国を喜べるような状況ではなかった。依然として経済事情は劣悪で職場もなかった。解放の感激も長くは続かなかった。期待が大きかっただけに挫折感も大きかった。反面、社会が混乱した隙に付け込み、官吏と結託して密輸で暴利を貪る輩も増えた。過渡期である米軍政体制において無秩序がはびこった。権力を持った人々は横暴をほしいままにした。そうした官吏の中には日帝植民地期に日本の体制下で働いていた人が多かった。依然として彼らは行政業務を任され、一般住民の反日感情は米軍政への反感に引き継がれた。さらに、軍政当時、済州の高級官吏はほとんど本土の人々だった。彼らは済州の実情に疎く、済州の文化や慣習に精通していないどころか、済州に対する偏見を持っていて、住民たちとの関係も円滑にいくはずがなかった。

折しも凶作が続いて食糧難が深刻化し、米の配給過程における不正も明らかになって、民心は落ち着かなかった。さらに、伝染病が島を襲い住民は一層不安になった。面事務所が位置する集落には干しサツマイモの倉庫があった。日帝期に醸造原料として使うために住民に供出させていた干しサツマイモを貯蔵していた倉庫だったが、その腐った干しサツマイモの配給を受け取るために、住民たちが倉庫前に列をなした。

左翼系はそうした社会状況に対処するための戦略を準備した。それに対して、階層秩序や伝統両班の門閥が形成されていなかった済州社会では、右翼勢力は脆弱だった。知識層は左翼性向を備えた人士、日帝官僚、日帝の産業機関に従事していた親体制的な人々、各級の学校教員たちで成り立っていたが、その教員たちは左翼的傾向がとりわけ強かった。

米軍政期の済州地域の政治状況

ソウルの政治状況は日々変化していたが、済州は中央からはるか遠く離れた島という事情もあって、中央のそうした変化に対応できなかった。日本軍送還が本土より遅かったこともあいまって、不安な治安状況が長く続いた。そうした渦中で人民委員会が治安を安定させる先頭に立った。

建国準備委員会（建準）として出発した済州島人民委員会は、各邑・面の隅々の村落にまで組織された。人々はその機構が解放政局において実質的な行政権限を備えるようになるものと期待した。済州島建国準備委員会は一九四五年九月一〇日に、各邑・面代表、約一〇〇名が済州農業学校講堂に集まって結成された。その際に選出された役員陣は、済州社会における指導層の人士たちだった。彼らの性向は民族主義的だったが、その大部分は後に労働党の主役になった。

中央の建準は共産主義者たちが中心の極左派、社会主義者たちを中心にした穏健左派、そして右翼陣営の人士たちで形成された。ところが、やがて内紛が生じ、左翼系列が中心となって人民代表者会議を開催し、朝鮮人民共和国組織法案を通過させて朝鮮人民共和国（人共）を樹立することになった。しかし、米軍政はそれを認定しなかった。[*2] そうした中央の政治状況の変化に疎い済州では、建準が人共に改編され、その人共傘下の人民委員会が邑・面の集落にまで組織された。

人民委員会は当時、左右の理念を越えて過渡期の不安定な治安を安定させ、地域行政の主体になるものと期待された。ところが、米軍政は行政権限を自らが任命した邑・面長に担当させた。人民委員会は行政的地位を与えられないままに、治安と教育啓蒙活動等、住民を統合する政治的役割の一部を担当した。そして地域の懸案は邑・面長と人民委員会委員長が協力して推進した。初期の人民委員会邑・面委員長の中には、軍政期に面長をしていた人々もいた。

中央では、人共が共産主義を標榜していたために米軍政は彼らを認定しなかった。そのために、中央では地域人民委員会も弱体化したが、済州では依然として地域の政治勢力の中心になっていた。各地域の人民委員会組織の大会に警察支署長が参席して祝辞を述べ、軍政もそれを祝賀する雰囲気だった。以上のように、済州の政治状況は中央とは違っていた。

済州は中央情勢に敏感に対応できなかった。一九四六年一〇月三一日に実施された過渡立法議院選挙に関して、全国的には左翼勢力は拒否したが、済州では人民委員会幹部二名が選出された。彼らはソウルへ上京してようやく政局事情を把握して当選を辞退した。[*3] その事例は周辺部地域の政治状況を説明してくれる特徴的な事件である。[*4]

三・一事件と三・一〇総罷業

日帝植民地期の済州という地域社会では、社会主義者たちが指導的な位置にあった。彼らは住民を教導し民族意識を鼓吹《こすい》することによって、抗日運動家として一定の役割を果たした。さらに、当時は軍国主義時代ではあったが、全国的に知識人たちの社会主義に対する関心は高く、それが知識人にふさわしいと見なす雰囲気があり、済州地域もその例に漏れなかった。解放されると直ちに彼らは共産主義者、或いは社会主義者として姿を現した。

帰還同胞たちの中には日本で労働運動を経験したり、社会主義思想の洗礼を受けた青年たちがいた。ところが、故郷はそんな彼らをふさわしく受け入れることができない状況にあったので、彼らは社会に対する不満勢力になり、自ずと政治勢力に編入された。彼らは経験や知識も備え、地域社会の中心

＊2　宋南憲『解放3年史』一九八五年、四九～七七頁。

＊3　立法議員に当選した文都培は旧左面人民委員会委員長で、医師であった金時鐸は朝天面人民委員会文芸部長だった。

＊4　済州の左派が中央の情勢とは異なり、独自の路線を取ったと解釈する者もいるが（委員会、『報告書』七九頁）、上記の二人も結局は中央の政治状況に従ったことを考慮すると、周辺地域の特殊な政治環境と解釈するべきだろう。

的な役割を担当するのにふさわしい位置にあった。その一部は新たに設立された初等学校と中等学校の教員になった。

解放後の約一年間に、済州では意識の高い青年たちや村の住民が中核になって、各面単位で中学校課程である高等国民学校や中学院を開校するなどして、教員資源が必要だった。さらに、日本人教員たちが送還されてしまったので、教員資源が不足していた。そこで、日本で中学校課程を終えた青年たちが初等学校や新設された中学校の教員になった。彼らは政治的な転換期を迎えて、新しい希望に燃えながら教育現場で働くことになった。彼らは新しい社会体制に対する憧憬から左翼勢力に同調した。

済州島で朝鮮共産党が創建されたのは一九四五年一〇月だった。済州邑のある民家に約二〇名が参席して結成された。[*5] 党員になるには、厳格な審査を受けねばならなかった。日帝植民地期に個々バラバラで自己の思想を維持せざるをえなかった人々にとって、その審査過程は自らの思想を検証する過程になった。

彼らは日帝植民地期には広い意味での社会主義思想を持っていたが、世界観においては少しずつ差異があった。しかも、その間、朝鮮共産党員たちとその組織は外部圧力によって何度も転向してきたので、思想検証が必要だったのである。ともかく、朝鮮共産党全南道党済州島委員会が結成されることによって、済州共産党の核心要員たちが互いにその実態を確認し、力を合わせて済州左派の政治活動を主導するようになった。

済州島の共産党員は一九四六年末まで一〇〇人を超えない程度だったと思われる。[*6] しかし、たとえ数的には少数であっても情熱的な党員一〇〇名の威力は、いまだ閉鎖性を克服できない状態だった済州の政治環境においては、強力な政治力を発揮する組織体になりえた。中央党が左派三党を統合して南朝鮮労働党（以下では、党中央と略記）を結成したので、それにならって、一九四六年一二月には南労党全南道党済州島委員会（以下では、党済州と略記）に改編された。

委員長には安世勲、主要党員として金鎏煥、金闔煥、玄好景、趙夢九、呉大進、金漢貞、李辛祐、李運芳、金容海、金正魯、金澤銖、文守珍、夫秉勲、宋泰三、李道伯などがいた。彼らは当時の済州社会の知識人であり指導級の人士たちで、済州島建準と人民委員会の主要役員たちだった。[*7]

南労党は結成後には大衆政党を標榜して党員増員運動を展開し、済州邑中心街に看板を掲げ政治勢力化の意志を明らかにした。二〇名で始まった南労党済州は一九四七年初頭には党員数が三千名に達したと言う。[*8]

＊5　結成時期については李芳運と金奉鉉の証言とでは異なっている。『報告書』九三頁。

＊6　『報告書』九三頁。

＊7　済州島建準出帆当時、委員長呉大進、副委員長崔南植、総務部長金正魯、治安部長金漢貞、産業部長金容海などがいたが、彼らは副委員長を除いてすべて共産党員だった。そして建準執行委員会では、金時澤、金弼遠、金壬吉、李元玉、趙夢九、玄好景、文道培が共産党員で、金時澤も立法議院に選出されたが辞退した人民委員会朝天面文芸部長だった。

党は党員拡充のために、各邑・面単位の地域社会で信望を得ている青壮年知識層、主に農会や面事務所の書記、初・中等学校教員を包摂して入党させ、思想教育を行った。そうした党員倍加運動を通じて党員を増員し、それらの人々を教育し宣伝することによって、南労党は大衆政党でありながら済州社会の政治的ヘゲモニーを握るに至った。党員の大部分が地域社会と職場で指導的な位置にある人材だったので、大衆的影響力も大きかったのである。その上、中央では既に南労党が地下に潜って活動する状況だったのに対し、済州では地域社会に影響力を発揮できる勢力であり続けていた。

以上のように勢力を拡張した南労党は、一九四七年の三・一節記念行事を戦略的に利用し、自らを政治勢力化することに成功した。左翼勢力は一九四七年劈頭から済州道民主主義民族戦線（民戦）の組織化を終え、その年の一月に朝鮮民主主義青年同盟（民青）済州道委員会を創立したが、委員長に選出された金澤洙は日帝植民地期に抗日運動に参加した共産党員だった。民青は邑・面単位に至るまで組織された。中央では民青がテロ団体と規定されて活動が制限されると民愛青に名称を変更したので、済州もそれに倣った。その済州民愛青はその後の四・三事件において人民遊撃隊の中心勢力になった（『報告書』九五頁）。その他にも婦女同盟が結成されるなど、南労党の外郭組織が一九四七年初頭には拡大組織された。

一九四七年一月以降、邑・面単位で民青、婦女同盟、農民委員会などの左翼団体が結成されたが、その結成大会の様相はどれも似たり寄ったりだった。役員選出、組織強化、啓蒙運動に関する討議があり、朴憲永、許憲、金日成、趙喜永、金澤銖など共産党と南労党系の主要人士たちが名誉会長に推戴された。[*9] ところで、済州邑民青結成大会では幾つかの特別な事項を処理した。南朝鮮人民抗争で亡くなった犠牲者に対する黙禱、朴憲永を始め四名を名誉議長に推戴、朴憲永逮捕令撤回陳情書をホッジ中将に伝達、木浦刑務所に収監中の姜星烈への書簡、拘禁された愛国闘士即時釈放要求メッセージをホッジ中将に伝達することなどである。

続いて綱領を採択し、三・一節記念行事を主要議題として論議した。[*10] さらに二月一七日には三・一節記念闘争準備委員会を結成した。官公署を始めとする社会団体、教育界、儒教組織、学校、団体など各界各層を総網羅した人士の中から準備委員長を始めとする役員二八名を選定した（『資料集』二、八三頁）。それ以後も各地域で民青結成大会が開かれた。警察では三・一節行事の際の示威禁止を公布し、三・一節記念準備委の解散を命じた。

二月二三日には済州道民主主義民族戦線（民戦）結成大会が開かれ、その場で名誉会長としてスターリン、朴憲永、金日成、許憲、金元峰、劉英俊の六名を推戴し、時局宣言と情勢報告を行った。そして三・一節記念日を控えて各学校代表者会議を開き、次のような事項を決議した。

＊8　南労党組織部員として活動し、後に転向した金生玫の証言（二〇〇一年七月一三日）採録当時の年齢は七七歳。『報告書』脚注九四頁。

＊9　委員会、『済州四・三事件資料集（新聞篇）1』二〇〇一年、五八～八二頁。以下、『資料集』。

＊10　前掲八三頁。

1、三・一節記念闘争委員会と同一歩調を取る。
2、学校ごとに三・一節記念闘争委員会を組織する。
3、完全独立のために闘争を継続し、教員組合と連帯する。

三・一節記念行事準備委は全道において、各学校、社会団体、そして各地域民青、民戦、人民委員会組織と連帯して緻密に住民動員計画を立て、その行事を契機に左翼系の力量を誇示することによって、新たな政治局面を作り出すべく努めた。

行事当日、済州島各地域から三～四万名の人々が済州邑内の中心地である観徳亭広場の周囲に雲集した。警察はその日、不祥事に備えて警備を強化し、機関銃を設置していた。行事を終えた人々が街頭示威を始めると、警察が発砲して数人が死亡し、負傷者も出た。関係者の問責と治安責任者退陣要求など、道民の抵抗が強まった。左翼側では対策委員会を構成して、事態の責任を追及するなどの強力な闘争を展開した。その不祥事が導火線になり三月一〇日には、済州道庁を始めとする全官公署と学校、企業体、工場など道内一六六機関（総機関の九五%）がストライキに参加した。こうして事態はいっそう悪化した。警察ではその事件の政治的な背後勢力に注目し、三・一節記念行事と三・一〇ゼネストの主導者たちを析出、逮捕、拘禁して捜査を始めた。その過程で不祥事が生じた。

南労党は混乱した社会の雰囲気を戦略的に利用して、大衆の底力を結集するなど闘争力を強化した。

表面上は、三・一節記念式行事での発砲事件によって惹起された道民の純粋な抵抗が四・三事件の導火線になったわけだが、そうした不祥事がなくても南労党は、三・一節を契機に彼らの政治力量を発揮して勢力拡張を図り、いつかは反乱を起こしていただろう。それは、一九四七年に入って各地域の左翼団体を組織し勢力化する過程でも明らかである。そうした観点からすれば、三・一事件と三・一〇ゼネストはたしかに四・三事件の前哨戦だった。

三・一事件は、単純な記念行事に伴う不祥事に留まらず、左翼が政治勢力化する絶好の機会になった。三・一〇ゼネスト以後に南労党が各面のヤチェイカ（党細胞）に送った文書を見ると、それが分かる。事件に続いた諸種の事態は、記念式場で発生した不祥事に対する道民の抵抗などではなく、南労党の闘争戦略に由来するものだった。その文書には、当時の情勢分析と記念行事の際の闘争方法が提示され、それらを人民に教育し宣伝・扇動を強化する方法、指示事項、闘争の実相、ゼネストに対応して農村と街頭における細胞の活動に関すること、その他ゼネストと諸団体連合大会に関することなども含まれている。その資料は三・一節記念闘争が四・三事件の前哨戦であったことを確証してくれる。[*11] 道民の騒擾を最大限に利用するのが南労党の戦略である。朴憲永が「一九四六年一〇月の民族的抵抗をモデルとして、大衆運動を労働党が主導しなくてはならない」と強調しているように、[*12] 済州

＊11　その資料は済州大学校の趙誠倫教授が現場取材の際に入手し、済州四・三研究所に寄贈したものを、研究所が編んだ『済州抗争』創刊号（実践文学社、一九九一年）に掲載したものである。一六一～二一一頁。

三・一事態と三・一〇ゼネストは、党の戦略から見て十分に利用価値があった。そのようにして党は四・三事件を準備してきた。

南労党中央は二八周年三・一節記念日を契機に、無期延期になっていた米ソ共同委員会再開へ向けての闘争を、大々的に行うように各地方党に指示した。その事実は政府報告も認定している。[*13] その指示によって党は戦略的に一九四七年初頭から左派団体を組織し、さらには諸種の組織と連携して大規模な住民動員に成功した。予想を超えた不祥事が起こって治安担当者に対する道民の抵抗が激化し、そのおかげで四・三事件の前段階の闘争戦略は成功を重ねた。しかも三・一〇ゼネストに成功することによって、さらに大きな成果を得た。しかし、そうした成功は米軍政と警察の強力な対応を呼び込む契機となり、政局はさらに硬直し、混乱を増していった。

この二つの事件を契機に米軍政と警察は「済州道の人間はみんな左翼」という偏見を持つようになった。軍政傘下のすべての公共機関、特に道庁と郡庁、面事務所、初等学校までもがゼネストに参加したからである。これは大韓民国の歴史において空前絶後の事態だろう。その結果、済州道民に対して思想的に不信の念を持つようになったのである。

警察では頑強な南労党の勢力を制圧し、治安を安定させようとするならば、警察力を外部から増員するほかないと判断した。一部警察官たちもゼネストに同調したために、済州人であれば警察官であっても信じられなくなっていたのである(『報告書』一一二頁)。軍政当局と治安関係者は、済州ゼネストは南労党が組織的に背後から操縦したものと認識するようになった。

そうした状況において、警察はゼネスト関連者たちの徹底的な析出を始め、治安の安定のために本土から警察力を選び出して入島させた。済州の警察人員は三三〇名だったが、一九四七年三月末ごろに済州に入ってきた外部警察兵力は、それより約九〇名も多い四二一名だった（『報告書』一一二頁）。外部から投入された警察官の中から、ゼネストの主導者を析出するための特別捜査チームを組織して活動する過程で、不祥事が発生した。応援警察は済州人に対してほとんど「赤だ」という偏見を持つようになった。そうした認識は、普段から周辺地域である「島の人間」たちに対して持っていた間違った認識と重なり、済州住民を敵対視し、あげくは虐待するに至る。このようにして、反人権的事態も発生した。さらに、そうした事態の処理過程において済州人たちはいかなる役割も果たせなかった。警察さえもが済州出身者を排除し、道庁幹部もゼネストに加担していたので、そのように硬直する事態を仲裁できなかった。他方、南労党はその事態を彼らの思想闘争の力量を強化する好機と見なして、各地域組織に指令を送った。

そのゼネスト事態と関連した検挙者が五〇〇名に及び、そのうちで軍政裁判に送致されたのが一九九名、送致予定者が六一名、回付件数が二六〇名だった。[*14] 軍政の裁判を受けた者が三二八名、そのう

＊12　ジョン・メリル、中ソンファン、『侵略か解放戦争か』（科学思想社、一九八八年）、一七五頁。

＊13　『報告書』一〇三頁、その内容は金南植、『南労党研究』（トルベゲ、一九八四年、二七五〜二七八頁）を参照した。

＊14　『報告書』一二七頁、「済州新報」（一九四七年四月一二日）。

ちの五二名が実刑宣告、五二名が執行猶予、五六名が罰金刑、一六八名が起訴猶予或いは不起訴処分を受けた。

その事態を主導した済州民戦代表部に対しては、民戦共同代表だった安世勳だけが懲役一年、執行猶予五年、罰金五〇〇〇円の宣告、その他、指導級人士たちは罰金刑を受けた。しかし警察当局は、ゼネスト関連者だけを検挙したわけではなく、その機会に左翼勢力を完全制圧するために、検挙を継続した。その結果、三・一事件以後四・三事件勃発直前までに二五〇〇名が検挙された。

三・一事件以後、警察と住民の関係も非常に硬直し、相互間で不祥事が頻繁に起こった。継続して左翼系の人士を析出・検挙する過程で、各地域住民を代表する人士たちが首謀者と疑われて拘束された。被検挙者が過酷な取り調べを受ける場合もあった。学生たちが南労党の連絡員として活動しているうちに検挙され、調査過程で拷問致死に至る不祥事も起こった。そうした事態によって住民と警察の関係はさらに悪化していくのだが、南労党はそうした雰囲気を戦略的に利用した。

左翼と警察の対立が激化すればするほど社会は不安になり、さらに混乱期の隙をついて各種の不合理や不正が増え、軍政と警察に対する住民の不信と不満は昂じた。それまでは点状の形態をとって維持されてきた党組織は、党員たちが逮捕され脱党者が続出することによって打撃を受けた。[*15]

また党中央はいわゆる二・七闘争が成果を得られなかったので、単選反対闘争に政治的死活を賭けた。党は緊張が高まる状況を利用して武装反乱を起こすことによって、道民の呼応を引き起こし、反乱の正当性も確保して、所期の政治的目的を達成できると判断した。そこで、その間に組織し訓練してきた党員を人民遊撃隊に改編・武装して反乱を準備した。

反乱

一九四八年四月三日早暁、武装した人民遊撃隊が済州道内警察署一二カ所を攻撃して警察官を殺害し、選挙関係者と右翼人士に対するテロを敢行することによって事件が始まった。当日、遊撃隊の作戦による双方の人命被害は、支署勤務中だった警察官死亡四名、負傷六名、行方不明二名、右翼人士とその家族など民間人死亡八名、負傷一九名、遊撃隊員死亡二名、生け捕り一名だった。当日、武装した人民遊撃隊は右翼人士を甚だ残忍に殺害し、当事者がいない場合にはその老母や妻、幼い子供まで身代りに殺害した。それは済州社会でそれまでにはなかったむごたらしい事件だった。そうした遊撃隊の残忍性は、共産主義革命戦士になるための思想教育の結果だった。誰も選挙管理業務や右翼団体で活動する気にならないようにするための戦術だった。

そうしたテロは継続された。遊撃隊員たちは選挙管理事務室を襲撃して選挙人名簿を奪取し、選挙担当要員と公共機関長に対してテロを加えた（『報告書』二〇六～二一〇頁）。右翼人士たちは夜に家で寝ていられなくなった。

＊15　当時の新聞報道には脱党宣言が多く掲載されているが、その内容を見ると、一つの村の多くの人々が集団的に入党し、その後、集団で脱党する状況だったことが確認できる。『資料集』1、二五一頁。

南労党は投票当日に住民の投票権を露骨に奪った。村ごとに組織的に投票を妨害した。彼らが掌握している村では選挙日に、村の行事を口実に住民たちを集団で村外に追いやり、一切、投票に参加できないように監視し、懐柔した。住民たちは生命の危険を感じて、投票する勇気など持てなかった。そのように、党は村の住民を厳しく圧迫した。結局、北済州郡甲、乙の二選挙区では投票者未達のために選挙が無効とされた。その結果、南韓単独選挙を推進した米軍政は、政治的負担を抱えることになった。さらには五・一〇選挙によって新たに出帆する政府にとっても、相当に衝撃的なことだった。六月二三日に再選挙を実施しようとしたが、政局事情がそれを許しそうにないので、施行できなかった。

その結果、党が掲げた単選単政反対の名分が、島民たちの支持を受けた。しかし、済州道民は新政府誕生を拒否したという歴史的な軛《くびき》を負うことになった。

ところで、そうした歴史的にも珍しい変乱が、どうして済州で起こったのだろうか？　武装反乱の目的はその主体である党が決定した。それに関して多くの論議があるが、次のような数種類の根拠によってその真実が明らかになる。第一に、武装反乱勢力の文書がそれを明確に教えてくれる。文書資料には二種類あって、その一つは「鹵獲《ろかく》文書」としての「済州島人民遊撃隊闘争報告書」である。[*16] もう一つは、当時、反乱軍が済州道民に配布したビラである。

先ずは闘争報告書なのだが、それはきわめて具体的に記録されている。反乱主体の立場から、事実をそのままに記録している。党は一九四八年三月一五日ごろ、北済州郡朝天面新村里で党の常任委員会を開催し、武装反乱について長時間にわたって論議した末に、一三対七で可決した。

その後の事態の悪化を見て取った党常任委員会は、三月一五日に党全南派遣オルグを中心に会合を持ち、第一に組織守護と防御の手段として、第二に単選単政反対救国闘争の方法として、適当な時期に全道民を総蹶起させる武装反撃戦を企画決定……

この文書は四・三武装反乱の目的を明らかにしている。そこでの「救国闘争」は朝鮮民主主義人民共和国樹立のための闘争であり、この反乱を契機に全道民を総蹶起させ、武装反撃戦を企画・決定したというのである。すなわち、武装反乱によって済州道全域を完全掌握することを計画したわけである。

＊16　文昌松『漢拏山は知っている。埋もれた四・三の真相』一七面。そこには人民遊撃隊が武装反乱を計画・実践して以後、どのように活動したのかが詳細に書かれている。この文書は元来、遊撃隊長李徳九が所持していたものだが、彼が討伐過程で射殺されると、当時警察幹部であった文昌松が入手して保管し、小冊子の形で刊行した。影印された原文には人民遊撃隊の活動状況が記録されている。この文書は第一代遊撃隊長であった金達三が所持していたものを、彼が海州大会に参加するために済州を後にする際に、李徳九に引き継いだようである。人民遊撃隊の組織状況と四回に及ぶその変貌と作戦、闘争の状況が、各邑・面単位にわたって七月末まで記録されている。そのうちでも第九連隊との関係の記述は、四・三事件の理解において決定的な端緒になる。以後、「鹵獲文書」とする。

る。重鎮たちは慎重論を繰り広げたが、金達三を始めとする青年党員たちが武装反乱を主張し、結局、一三対七で可決したという（『報告書』一五八〜一五九頁）。

当時の済州島の雰囲気と国内情勢を見て、党は反乱の勝算があるものと予測していた。ところが後世の人々は、そうした南労党の主張を拡大解釈して、論議者の立場にそれを繰りこんだ。また、その事件に対する自身の名分を作りだすために、南労党員でありながらも反乱事件に参加しなかった人の文章をそのままに受けいれた。その代表的な例は、「武装隊は警察と右翼青年団体の弾圧に対する抵抗、単選単政反対と祖国の統一独立、反米救国闘争のための蜂起」というものである。[*17]

ところが反乱軍の攻撃対象を見ても、五・一〇選挙反対に比重を置いていたことが明らかである。警察支署と選挙管理委員会襲撃、選挙人名簿奪取、右翼人士の中でも特に選挙管理者とその家族に対するテロが遊撃隊の目標だった。

次いでは、遊撃隊が道民に対して反乱に関する考えを明らかにして積極的に参加を勧めたビラでも、その反乱目的を把握することができる。

そのビラには二種類あって、①は警察官と右翼団体そして公務員に、②は一般道民に対して伝える内容である。

①われわれは人民と共におり、警察、公務員、そして右翼団体員など、外勢に依存して国を売り渡

す売国徒を追い出すために共に戦おう。

②われわれが今日立ち上がったのは、売国的単選単政に反対して、（１）祖国の統一独立と完全な民族解放のために、（２）米の走狗たちの虐殺蛮行を阻止するために（３）諸君の骨にしみついた恨みを晴らすために戦っているので、共に参加を請う。★18

これらの主張は、民族統一政府樹立による完全独立を達成するために戦うということで、それをするにあたって障害になる米国とその手先を排除しようというのである。このビラによれば反乱の究極的な目的は、「祖国統一と完全独立」にある（『報告書』一六八頁）。この内容は闘争報告書の目的と一致する。「鹵獲文書」で提示された「適当な時期に全道民を総蹶起させる武装反撃戦を企画決定」する。

＊17　金奉鉉、金民柱『済州島人民の武装闘争史』八四〜八五頁。この本の筆者である金奉鉉は、済州邑にあった五賢中学校に歴史教師として在職する一方で、済州民戦文化部長として活動したが、四・三事件が起こる前に渡日した。私は一九九三年に日本の大阪で彼に会い、四・三に関しての話を聞いたことがある。彼の著書の内容は客観的事実というよりも、四・三に対する彼の立場をいささか主観的に記述したものという印象を受けた。他方、金民柱は四・三当時には朝天中学院学生で、入山して少年遊撃隊員になった。しかし彼は、南労党の党論として決定された反乱の目的を熟知する立場にはなかった。そうした民族的理念志向のスローガンは南労党が大衆的支持を得るための政治的言語に過ぎなかった。

＊18　（１）、（２）、（３）は筆者が便宜的に付した。

るためとは、結局は単選単政反対救国闘争のためということなのである。「鹵獲文書」やビラで提示された「救国闘争」は朝鮮民主主義人民共和国樹立を目的としていたのである。

二番目に、南労党中央委員会が党済州に送った激励文とそれに対する党済州の回答文でも、反乱の目的が明らかである。この反乱は党中央にとっては政局転換のために意味ある闘争だった。[*19]

済州闘争に対する激励文

親愛なる済州人民大衆諸君！　祖国解放の戦士たちよ！　我が南朝鮮労働党中央委員会は祖国の統一と自由と独立のために、米帝国主義と侵略者の走狗たちの陰謀である単選単政を叩きつぶすために英雄的に抗争している諸君に、無限の感謝と尊敬と兄弟としてのふつふつと湧きあがる挨拶を捧げる。諸君は今日、偉大な祖国解放の歴史を創造している。諸君の心臓には救国の熱い血が沸騰しており、諸君の腕には英雄的抗争の攻撃精神が漲っている。……我々は必ず勝利するであろうし、また、勝利しなくてはならない。諸君、勝利を確信し、邁進しよう！　我が南労党中央委員会は諸君と共に、いかなる犠牲をも顧みることなく、勇敢に戦うであろう。

1、偉大な救国抗争に邁進する済州人民に、勝利と栄光を捧げよう。

2、単選粉砕闘争において肉弾突撃を敢行する人民英雄の後に続こう。

3、亡国民族侵略から祖国の主権を防御するための救国人民抗争万歳。

4、統一した民主主義朝鮮の完全自主独立万歳。

一九四八年六月南朝鮮労働党中央委員会

党中央委員会メッセージに答えて

……我々はこの高貴なメッセージを全国津々浦々のすべての兄弟の隊列に伝え、また、既に敵の銃剣に倒れた尊敬する同志たちと人民英雄たちの墓に、この栄光の花束を捧げた。……済州抗争が「朝鮮人民の模範的抗争であり」我が朝鮮民族の栄誉と不屈の愛国心を全世界に宣揚し、「朝鮮人民は帝国主義的暴圧と虐殺によっても滅ぼすことのできないことを天下に公示」する役割を果たしたと評価していただいたことを、過分の名誉と考えると共に、尊く気高い地下の英雄たちと、今なお

＊19　『報告書』は、四・三は南労党済州が独自に決定し実行したという点を強調する。その根拠として人民遊撃隊闘争報告書の次のような記述を提示する。「第九連隊を動員するために文相吉に会ったが、彼は党中央の指示がないので参加できないと言った」というのがそれである。ところが、人民遊撃隊報告書には別の記述も収録されている。すなわち、注13においてフラクションが軍動員の可・不可について語っているのだが、文相吉がそれは不可と言ったのは、二人の軍細胞間の考えの差異を示しているに過ぎない。警備隊第九連隊がその反乱に参加しようとしていたという事実は、それがたとえ四月三日でなかったとしても、やはりいつかは実行しなくてはならない闘争課題だったことを物語っている。南労党中央の立場からすれば、陸地（本土）での闘争がほぼ失敗したことを勘案すれば、済州の反乱が成功することを期待し応援するのは当然のことである。成功すればその反乱が起爆剤になって全国的に闘争の熱気が拡散する可能性が生まれるからである。

抗争を続けている戦士たちの意志を代表し、熱い感謝を捧げる。
…我々は「祖国解放闘争史上に不滅の金字塔」を打ち立てる栄誉を実地に目撃することを指標として、亡国滅族の単選粉砕のための苛烈な哨所を死を賭して守り抜き、統一独立を我々の手で戦いとる時まで、果敢に闘争することを確言し、誓う。

1、南朝鮮労働党中央委員会万歳。

2、朝鮮民主主義人民共和国万歳。*20

このメッセージにおいて党中央が追求している闘争目的と方法は、党済州の反乱目的と一致する。また、党中央が三八度線以南に樹立しようとしていた「統一した民主主義朝鮮の完全独立国家」と、党済州が追求する「統一独立国家」のどちらも結局は、「朝鮮民主主義人民共和国」であることが明らかである。したがって党中央は済州反乱が朝鮮人民の模範的抗争であり、陸地（本土）の諸地域で起こした反乱が大きな成果を得られなかったことと比べて、非常に成功した鼓舞的な事例と評価した。三番目に朝鮮民主主義人民共和国樹立のための代議員選出地下選挙において、済州道民の八五％が投票に参加したという事実にも、反乱の目的が明らかに現れている。国連監視下で自主政府を樹立するための五・一〇選挙を、懐柔と脅迫と組織的な妨害工作によって断固拒否した意図もまた明らかである。

地下選挙で道民たちは（党が画策した不正、不法選挙だったが）事情もよく知らないままに、いわゆる「拇印押し」投票をしたのだが、そのように道民を動員して不法選挙を行った党の意図は、反乱目的を達成することであったことが明らかである。[*21]

彼らは五・一〇選挙が民族統一政府樹立を妨害する単独選挙だと宣伝して投票を拒否する一方で、もう一方の地下選挙には積極的に参加することによって、彼らの言う統一政府とは朝鮮民主主義人民共和国に他ならなかったことを如実に示している。彼らはそうした政治的目的を実現するために、済州民たちを包摂し洗脳教育を施して南労党の同調者に仕立て上げ、犠牲の供物としたのである。

最後に、南労党側が望む統一政府とは朝鮮民主主義人民共和国のことであり、その他に代案などなかったことが、当時の情勢から確認できる。三八度線以北ではソ連の意図通りに金日成が主導する朝鮮民主主義人民共和国樹立が進行していた。それでいながら金日成は、戦略的に南韓の政治勢力を攪《かく》乱《らん》するために、成就するはずもない南北協商を執拗に提起した。それは南労党に単選政府樹立反対の名分をもたらした。三八度線以南で南労党は人民の闘争の名分を強化するために、南韓単独政府樹立反対、外勢である米国の内政干渉拒否、混乱期社会の不正腐敗に対する抵抗、親日勢力清算など、朝

＊20　「労力人民」第一一三号、一九四八年一一月七日。吾羅里研究会編『済州民衆抗争』(ソナム、一九八八年)四〇八～四一三頁に収録されたものを部分的に引用した。原文は漢字とハングル表記

＊21　「米国情報報告書によれば、南韓農村の四分の一が投票に参加したが、南側の李承晩政権に対抗する政府樹立のために選挙を行っていたことを承知したうえで投票に参加したのは、そのうちの五％未満に過ぎない……他方、済州島では八五％の住民が投票した」ジョン・メリル、『侵略なのか解放なのか』一七八頁。

鮮人民が呼応するに違いない戦略を用いた。済州反乱の主役たちは、暴力的反乱の正当性を確保するためにそうした主張を掲げたのである。そうだとすれば、そうした武装反乱は党中央の指示によるものなのか、或いは、党済州が独自に決断したものだったのか？

反乱の決定と遊撃隊の兵力規模

その反乱が党中央の指示によるものなのか否か、指示を受けて日時だけを党済州で決定したものなのか否か、これらが四・三事件を論議する際の重要な論点になっている。[*22]四・三事件を肯定的に認識する側では、党済州の独自な決定と見なし、それをことさらに重視する。この反乱の政治的意図はさて置くとして、統一政府に対する熱望、外勢と不義と不正に対する抵抗といった、民族的民主的市民としての正当な闘争だから、党済州が島民の意志を受けて独自で決定したというのである。しかし、既に述べたように反乱の究極の目的は朝鮮民主主義人民共和国樹立にあったのだから、そうした論議はまったく意味をなさない。

さらに、この反乱の目的が党中央の闘争路線と一致し、済州道でそうした反乱が起こることを党中央でも期待していた点も看過するわけにはいかない。党中央は二・七暴動を準備しつつ、党済州に対しても「二月中旬から三月五日の間に暴動を起こし、総選挙と軍政に反対し人民共和国を樹立しろ」という指令を下した。[*23]党中央は二・七暴動が成果もなく終わると、組織がそのまま維持されている党済州に人（李ジェボク、趙ギョンスン）を送り、「暴動を起こして単選単政に強力に反対するように」

という指令を下した。その指令は委員長の安世勲が警察に拘禁中だったので、組織部長金達三に伝達された。また当時は党員として主要な役割を引き受けていたが後に転向した者の証言によれば、党は十分に勝算があると判断していたという。[*24] また遊撃隊員として参加した後に日本に渡った在日済州人も、反乱後六カ月も経てば済州は解放区になり、本土の軍隊も呼応すると考えていたという（在日朝鮮人詩人、金時鐘の証言。『報告書』一五九頁）。

事態に対するそうした肯定的展望は個人的な考えではなく、党済州で十分に論議した上で得られた結論である。そして、「全道民を総蹶起させる武装反撃戦を企画決定」したのは、この反乱が朝鮮民主主義人民共和国を樹立するための前哨戦的な闘争に発展していくものと信じていたからである。反乱の主体である党済州の立場からすれば、この事件が朝鮮民主主義人民共和国建設のために大韓民国政府樹立を拒否した反乱であることが明らかである。それは党中央の指示の有無とは関係なく、南朝鮮革命の端緒になる事件であった。『報告書』はこの反乱が党中央の指示なしに党済州の独自の決定だった点を強調する。四・三事件に民族的、自主的、社会的な道民の抵抗運動という意味を付与

＊22　『報告書』では南労党済州が自主的に決定したとしている。『報告書』一六二～一六五頁。
＊23　駐韓米隔週刊報告書、一九四八年二月一五日、駐韓米第六師団毎日情報報告書、一九四八年二月一二～一三日報告書から再引用。
＊24　南労党員だった李運芳、金生玟は、反乱の指導部では勝算を戦略的に予測していたと証言した。『報告書』一五九～一六〇頁。

しようとしてのことである。事件を単純化することによって、当時の済州の政治・社会状況に対する道民の正義の「抵抗的運動」のレベルで、反乱に正当性を付与しようとしてのことなのである。

さて、反乱軍である人民遊撃隊の規模はどの程度だったのだろうか？　その問題についても、主体の側とそれを鎮圧する側の観点とでは異なる。両側の意図が事実解明よりも自分たちの観点に合わせて事件を恣意的に解明しようとしているからである。米軍政報告書では、約五〇〇名と推算している。そのうち二〇〇名は正式な武装隊員であり、その他は刀と槍で武装した補助隊員と推測した（報告書、一七五頁）。ところが、「鹵獲文書」によって、遊撃隊の組織状況と規模が把握できるのである。

最初に整備された組織は遊撃隊一〇〇名、それを補助する自衛隊二〇〇名、特殊な目的を遂行する特警隊二〇名など、総計三二〇名で構成されていた。武器は九九式小銃二七丁、拳銃三丁、手榴弾（ダイナマイト）二五発、煙幕弾七発で、その他には竹槍しかなかった。それ以後、五回にわたって組織整備を繰り返した。第五次の組織整備は六月一八日に着手し、七月一五日に完了した。その時の兵力は、各級指導部三五名、通信隊三四名、遊撃隊一二〇名、特務隊三一二名で総計五〇一名だった。特務隊員数が一五倍に増加し、兵器も多くなった。MI小銃六丁、カービン小銃一九丁、九九式小銃（日本式）一一七丁、四四式（日本式）四丁、三〇年式（日本式）二丁、総計一四七丁の小銃があった。第一次の組織整備の際の拳銃三〇丁と比較すれば約五倍になった。弾丸としては、MI弾丸が一三九六発、カービン一九一二発、九九式三七一一発、四四式（三〇式）七二一発など総計七七四〇発で、軽機関銃一丁、擲弾筒二門、手榴弾四三発、ダイナマイト六九発、信号弾二個、軍刀一六丁、拳銃は六連発一丁、八連発六丁、一〇連発一丁で総計八丁だった。そうした武器所持状況を見れば、第一次と比べて兵力が強化されたことが分かる。

人民遊撃隊の組織が強固になり、武器と弾丸を多く確保できたのは、反乱後に、鎮圧にも拘わらず長期戦に備えて組織を整備し、戦力を強化したからである。さらに、通信隊と特務隊が増員されたのは、作戦が変化したことを意味する。特務隊の任務は情報収集、個人テロ、作戦活動に必要な補給援助などである。特務隊は各面に特務隊長一名と連絡員数名を置き、その他に三名で一分隊を、一〇名で一小隊を編成し、部落ごとに一、二名程度で組織化され、特務隊員は細胞から除外するとされた。この特務隊は各面、各部落に駐屯し、地域指導部、通信隊があり、各遊撃隊小隊は地域指導部を中心に密集生活すると規定した。このように遊撃隊の活動では、情報収集、個人テロ、補給品調達が重要であり、それを円滑にできるように組織を整備した。

また兵器確保量が増加したのは国防警備隊の支援を受けたからである。「鹵獲文書」では軍部隊から支援を受けた内容が記録されている。それによれば、軍部隊から脱走して遊撃隊に合流した兵力が四八名（逮捕されたり逃走したり殺されたりした者は除外）、武器は九九式が五六丁、カービン銃三丁、MIが八丁の総六七丁で、さらには弾丸も多量の支援を受けた（「鹵獲文書」八〇〜八二頁）。

それら遊撃隊の兵力と武器保有状況は鎮圧軍に比べて劣悪だったが、組織網は全道的に拡張されており、鎮圧軍に関する事前情報を徹底的に把握した上で、奇襲作戦によって先制攻撃を行ったために、鎮圧軍と五分に戦えた。したがって鎮圧軍にとって手ごわい相手だった。彼らは中山間部落住民として各地域、村、職場に駐屯するか、或いはそこに浸透しており、戦術的な情報を確保できた。特に遊撃隊員中の情報員、レポ連絡員、支隊員レベルばかりか司令部幹部級の者でも、たとえ鎮圧軍に捕まっても釈放される場合が少なからずあった（「鹵獲文書」八六〜八七頁）。彼らは身元が分からないように活動していたからである。一般民間人として暮らしながら、武装遊撃隊の作戦に大きく寄与していた。そのように、彼らは全道的にその組織網を確保し活動していたので、巨大な鎮圧軍兵力と対抗できたのである。

鎮圧軍の戦果報告で遊撃隊員の数が多いのは、入山した一般住民たちもその数に含まれているからである。その大部分が遊撃隊員ではなく、命を維持するために入山したに過ぎなかった。ところがそんな彼らも、状況次第では作戦に投入され、食糧補給品を運搬する仕事などを担当することもあった。そしてそうした作戦中に鎮圧軍によって生け捕りになると、遊撃隊員と見なされたのである。

人民遊撃隊と国防警備隊第九連隊

党は反乱を起こす過程で、国防警備隊第九連隊（国警）とはどのような関係を維持していたのだろうか？　この問題は四・三事件を理解するための重要な端緒になる。しかし、党指導部と彼らが浸透させた細胞との関係なので、公式的な文書や外部に現れた事項だけを根拠にしている限り、その実相が把握できない。ところが「鹵獲文書」にはその関係を把握できる手がかりがある。

蹶起対象と責任分担

反動の牙城である済州邑城内、特に監察庁（警察庁）と第一区署（現在の済州警察署）は国警が担当して粉砕し、

1、道内一四カ所の警察支署は遊撃隊及び自衛隊四〇〇名を配置、襲撃することに決定した。

2、事前に国警フラクションに対して、武装反撃の際に動員可能な兵力数を問い合わせた結果、八〇〇名中四〇〇名は確実性があり、二〇〇名は思いのままにできるのに対し、反動は主に将校級で、下士官を合わせても一八名で、そんな連中だけを粛清すれば済むので、兵力動員に必要な車両五台を送ってくれるように要請したところ、万一、配車できないような場合には、徒歩でも襲撃に加担すると連絡があったので、

3、即時に国警の工作員である道常委青責を派遣し、監察庁及び第一区署襲撃指令と共に車両五台を送り、さらには拠点粉砕の連絡兵として学生特務員二〇名を城内（済州邑）に浸透させた。

この記録は反乱当日の作戦計画である。続く「四・三当日状況」では、「監察庁及び第一区署などの拠点粉砕は、国警が闘争不参加のために失敗した」と記されている。なるほど失敗はしたが、この反乱を計画した当初には、警備隊第九連隊が重要な役割を果たすことになっていた。その計画は済州道の警察力を完全掌握できる水準だった。計画通りに実行されていたならば、反乱勢力は警備隊第九

連隊と警察力を共に掌握し、済州では米軍兵力に対して遊撃隊とその反乱軍に同調する軍兵力とが対峙できる状況になっていただろう。

党は計画を樹立した時点で、反乱の成功を十分に予想した。だとすれば、第九連隊は党の反乱の動因を提供したことになる。すなわち、第九連隊が済州道に駐屯していたからこそ反乱を企図することができた。党と第九連隊の関係は反乱の成敗を分けた。したがって「鹵獲文書」では国警との関係が独立した章になっており、次のように記述されている。

……ところが意外にも四・三当日に国警が動員されなかったので、不審に思っていたが、四月五日に入島した派遣国警工作員（島常委青責同志）の報告によれば、次のような真相が判明した（「鹵獲文書」七六頁）。

その内容は次の通りである。派遣員が指示通りに第九連隊へ赴いて軍フラクションに会おうとしたが、そのフラクション二名が営倉に収監されていたので、文相吉少尉に会った。警備隊では二重に細胞組織が構成されていた。一つは中央から派遣された文相吉少尉で、もう一つは済州出身で党済州が派遣した高升玉下士官である。文少尉は「まだ中央の指示がないので、蜂起の指示を履行するわけにはいかない」と言い、反乱当時に警備隊が参加できなかった事情を記述しているのである。以後、継続して二つの細胞組織に関する論議があったことが、次のように確認できる。

その後、五月七日に来島した中央オルグは、国警フラクションに対する指導は党済州でも可能と言明したが、国警と党済州との関係は複雑化して、闘争に決定的な弱点をもたらした。しかしともかく、その後は、国警からの攻撃は全くなくなり、我々の活動に実に大きな利益をもたらした。

五月一〇日に済州邑で、党済州代表としては軍責、組責二名、そして国警側からは呉一均大隊長及び副官である第九連隊情報官李少尉など三名の計五名が会談して、
1、国警フラクションに対する指導問題
2、済州闘争において国警が取る態度
3、情報交換と武器供給などの問題を中心に討議した結果、次のような結論で意見が一致した。
(「鹵獲文書」七九頁)

その会談で意見の一致を見たのは次の通りである。

党中央と党済州から派遣されたフラクションの指導問題に関しては結論を得られなかったが、互いに最大限に協力しあうことで意見がまとまった。そして、今後は済州反乱軍鎮圧問題に関する重要な情報を提供しあうことになった。米軍政と統衛部では全面的包囲討伐作戦を指示しておりそうなれば、済州闘争は失敗する可能性が高くなるので、国警としては、できる限りサボタージュ戦術で対応することを中央に建議することにした。そして、遊撃隊討伐に積極的な反動巨頭である朴珍景連隊長以下、

反動将校たちを粛清しなくてはならない。今後、最大限の力を結集し、相互の情報交換と武器供給、可能であれば兵の脱走を積極的に推進することにした（「鹵獲文書」七九〜八〇頁の内容要約）。

党が国防警備隊担当責任者、連隊大隊長副官、そして情報担当将校と会い、第九連隊が人民遊撃隊を助けるための方策について議論し、上記のような結論を下した。呉一均少佐とその副官、そして連隊情報担当将校といえば、実質的に第九連隊指揮部の中心人物たちであり、彼らが反乱軍である人民遊撃隊と内通しながら、連隊長粛清までも議論した。さらに、今後は武器と弾丸を供給することはもちろん、兵士たちが部隊を脱走して人民遊撃隊に合流するように助力することを約束している。それが当時の第九連隊と党の関係である。この会談以前にも第九連隊フラクションは党中央のオルグと随時に会って、情報を交換していた。

四月中旬になると、突然に釜山第五連隊一大隊が来島して山部隊を包囲攻撃するようになったので、至急に対策を立てねばならないという緊急連絡があり、軍責が直接派遣されて、問題を収拾することになった。

軍責と文少尉が会った結果、軍警の細胞は中央直属なので党済州の指示に服従できないが、行動の統一のために、密接な情報交換、最大限の武器供給、人民軍援助部隊として脱走兵推進、教養資料の配布などについて意見の一致を見て、さらに、最終段階では総決起する人民と共に戦うことを約束した。

また、第九連隊長金益烈が、事件を平和的に収拾するために人民軍代表と会談するべく四方八方から努力しているので、それを巧妙に利用すれば、国警の山間遊撃隊討伐を抑制できるという結論を得て、四月下旬までに、二回にわたって軍責と金連隊長とが面談し、近い将来に救国抗争の正当性を明らかにし、特に人民と国警を離間させようとする警察の謀略の不法性などを暴露するという点に関して意見が一致し、金連隊長は平和的解決のために努力すると約束した（一次会談では第五連隊大隊長呉一均氏も参加し、情熱を持って事件の収拾に努力した）。

この文書は国防警備隊第九連隊が反乱軍遊撃隊軍責と随時に会談し、反乱軍討伐に関する情報を交換しながら、その対策を検討していたことを示している。四・三事件解決の分水嶺になったいわゆる「金達三と金益烈との会談」も実は、第九連隊フラクションによって操縦されていたことを、この資料は証言する。そうした状況下で金達三と金益烈連隊長が平和協商に至ったのである。

四・三事件が起きると、当初、米軍政はその事態を治安状況と認識し、警察力と反共青年団によって鎮圧しようとした。応援警察兵力を入島させ、西北青年団も増員した。米軍政としては五・一〇選挙を無事に終えることが重要だった。しかし、武装遊撃隊は選挙妨害のために襲撃とテロを継続した。その結果、事態の収拾が難しくなったので、米軍政は警備隊に対して反乱軍鎮圧を要請した。

金益烈第九連隊長は米軍政の要求を拒絶できず、警察と合同して鎮圧作戦に参加することになった。こうして反乱軍が不利になった。そうした反乱軍の立場を考慮した第九連隊は、降伏すれば寛大な処分を下すと広報すると共に、平和協商を提案した。反乱軍側も会談に応じる意思を伝えた。こうして両者は一九四八年四月二八日、大静面にある九億初等学校で協商を始めた。相互が各々、全権の委任を受けて協商に応じたことを確認した上で、相互信頼に基づいて会談に入った。そして四時間かけた末に次のような内容で合意した。

1、七二時間内に戦闘を完全に中止し、散発的な衝突は連絡未達の為として許容するが、五日目以後の戦闘は背信行為と見なす。

2、武装解除は暫時に行い、約束に違反すれば、即刻戦闘を再開する。

3、武装解除と下山が円満になされれば、首謀者たちの身辺を保証する。

また、帰順手続きについても次のように合意した。会談の翌日に慕瑟浦連隊本部と済州邑飛行場に各々帰順者収容所を設置し、暫時に西帰浦と城山浦にも帰順者収容所を設置して警察の介入なしに軍が管理する。

会談後、金連隊長はこの合意事項を米軍政当局に報告した。米軍政側は会談の成果を肯定的に評価し、警察に鎮圧活動の中止を命令した（『報告書』一九七〜一九八頁）。

ところがこの協商は、いわゆる「吾羅里放火事件」のせいで破棄された。協商三日後の五月一日に済州邑付近の吾羅里「淵味部落」で放火事件が起こった。前日（四月三〇日）大韓青年団員夫人二名が反乱軍に拉致された。一人は反乱軍によって殺され、もう一人は脱出に成功した。青年団員たちが集まり、殺された同僚夫人の葬儀のためにやってくる途中で、その村で左翼活動をしている青年たちの家に放火した。その知らせを聞いた遊撃隊員約二〇名が出動して、放火した右翼青年を追撃する過程で、その村出身の警察官の母親が遊撃隊員に殺された。警察がその知らせを聞いて出動したが、既に遊撃隊員たちは退却した後だった。警察の出動に驚いた村の人々は山に逃避し、警察は村の家屋に放火した。この事態によって協商は破棄されてしまった（『報告書』一九九頁）。『報告書』は警察が意図的に協商を破棄して強硬鎮圧政策を行うために放火事件を起こし、その事件に米軍政がある程度加担したとしている。[*25]

しかし、「鹵獲文書」によれば、反乱軍と第九連隊長の平和会談自体が、軍に浸透した党フラクションの工作の影響を強く被っており、この協商の意図は、第九連隊が鎮圧作戦に参加しないようにするか、たとえ参加したとしてもその時期を逸するようにさせる、という点にあったことが分かる。金益烈連隊長がフラクションの建議を受け入れていたのかどうかを知る術はないが、会談に参加していた連隊参謀級の呉一均大隊長、文相吉中尉、そして情報参謀などが、金益烈連隊長の意見を聞いてい

＊25　この放火事件現場を米軍が空中撮影し、それを材料に「済州島反乱」というドキュメンタリーを制作したが、そこでは放火事件は武装隊側が起こしたかのように編集した。そのことをもってして、既にこの時点で米軍政は強硬鎮圧政策を決定していた、と『報告書』は解釈している（『報告書』二〇〇頁）。このように『報告書』は平和会談の意義を強調し、軍政側がそれを意図的に破棄したことが反乱を拡大する重要な契機になったと認識している。

たことは間違いない。したがって、この会談は結局、党と第九連隊フラクションの共同作品だったわけである。そして第九連隊フラクションと党の思いのままに、会談が成功した。警察と米軍政が意図的に会談を破棄したというのは事実に悖《もと》る。

そして金益烈連隊長の後任として赴任した朴珍景連隊長の排除工作も、党の軍責と第九連隊フラクションとの間で議論した通りに実現した。

金益烈連隊長は朴珍景に交替した。後任者である朴珍景連隊長は赴任すると、前任者とは違って積極的に反乱軍鎮圧に臨んだ。ところが彼が赴任後の五月二〇日に警備隊員四一名が脱営して武装隊に加担する事件が起こった。その大部分は済州出身者だった。この軍脱営事件も、党の軍責と第九連隊フラクション間の合意内容通りに実現されたものである。その事件以降は、済州出身将兵たちは鎮圧作戦から疎外されたという（『報告書』二二八頁）。朴連隊長は海岸地帯鎮圧に関しては警察に任せ、自らはもっぱら山間地帯を捜索する作戦を繰り広げた。その作戦のせいで中山間部落の住民たちは山に逃避したあげくに、「山人、ゲリラ」と見なされるようになった。警備隊は漢拏山の山腹を隈なく捜索し、数多くの戦果を挙げた。しかし、その中には武装遊撃隊員ではないのに、ただ命を維持するために入山した住民も多かった。

反乱軍を強硬鎮圧した朴珍景連隊長は六月一八日、南労党フラクションである部下の隊員によって殺害された。[*26] 犯人はすべて逮捕され軍事裁判を受けたが、その一部は裁判で、朴珍景連隊長の鎮圧作戦によって「暴徒たちを量産することになった」と非難し、自身の行動の正当性を主張した。[*27]

反乱軍の選挙妨害と選挙無効

遊撃隊は五・一〇選挙妨害工作とテロを継続した。支署を襲撃して警察官を殺害し、選挙関連業務担当者や右翼人士とその家族に対してテロを加え、選挙事務室を襲撃して関連書類を奪取するなど、選挙妨害を継続した。

五月一〇日の選挙当日には、南労党員たちが主導して村の行事を口実に住民たちを集団的に特定の地域に集めて、投票に参加できないように監視した。そうした妨害工作によって北済州郡甲、乙の二

＊26　南労党細胞文相吉中尉、孫善鎬下士、梁会千上士、李禎雨下士、申尚雨下士、黄柱福、金正道、姜承珪、裴敬用……。

＊27　『報告書』は朴珍景連隊長を自分の手で射殺した孫善鎬下士の法廷陳述と裁判課程と弁護人弁論内容の一部、そして文相吉中尉の銃殺執行前の遺言をそのままに引用して、彼らの主張の正当性を認定しているような印象を読者に与えている（『報告書』二二五〜二二九頁）。そうした状況のせいで、反乱軍鎮圧作戦はさらに強硬になった。陸地からの応援警察を継続して増派した。そして反乱軍を析出し逮捕し調査する過程で、反人権的な事態が起こり、遊撃隊員とその同調者たちを正当な法的手続きを経ることなく処刑する事例も頻繁に起こった。応援警察の中には特別採用された西北青年団員たちもいたせいで、副作用はさらに深刻になった（『報告書』三〇四頁）。

個の選挙区は投票者未達のために選挙無効となった。軍政当局はこの事態を深刻に認識して、反乱軍鎮圧に消極的だった金益烈連隊長を朴珍景中佐に替えた。また第九連隊兵力を補強して一一連隊に改編した。

四・三以後、その年の七月末日までに遊撃隊が重ねた戦果と警察と民間人の被害状況については、日時、地域、戦果などの類型別に詳細な記録がある。その内容は次の通りである。

1、警察に対する戦果状況

支署襲撃三一回、支署建物破壊三棟、支署焼却六棟、警察官殺害七四名と負傷三五名、警察官家族殺害七名、投降警察官四名など

2、官公署襲撃と右翼人士粛清状況

官公署襲撃二回、官公署焼却と破壊が各々一カ所、反動殺害二二三名、負傷二八名、反動家族殺害一二名、反動家屋焼却一二〇棟、破壊七棟、警察官家屋焼却二棟、反動捕虜二〇名、その家族二名など

3、公共財産破壊と、その他として武器押収状況

電線切断九四〇個、道路破壊一七〇カ所、橋梁破壊三カ所、その他として武器押収数量など

(「鹵獲文書」七三~七四頁)

このように反乱軍は倦むことなく五・一〇選挙妨害を策動し、選挙後も作戦を継続した。八月には朝鮮民主主義人民共和国代議員選出のための地下選挙が三八度線以南で実施されたが、済州ではいわゆる「拇印押し」選挙で住民の八五％が参加した。五・一〇選挙を拒否した島民がその選挙には積極的に参加したのは、党が組織的に住民を脅迫し先導し強制したからである。住民たちは何も知らずに強要されるままに従っただけのことである。そのようにして、党は済州の住民たちに、大韓民国ではなく、朝鮮民主主義人民共和国建国のための代議員（国会議員）選出に投票させた。要するに、南労党済州が掲げた単選単政反対の名分も結局は、朝鮮民主主義人民共和国樹立を支持するためのものだったことになる。

九月になると政府は、四・三反乱を国家保安次元で、国軍を中心とし警察兵力を補助役として鎮圧する方針を立てた。そのために、一〇月一一日に済州道非常警備司令部を設置して本土の軍兵力を済州に増派して、強硬鎮圧を繰り広げるようになった。ところが、済州に増派されることになっていた麗水の第一四連隊において、内部の共産フラクションの主導で反乱が起こされた。

済州道非常警備司令部設置と中山間部落

四・三反乱は収拾されないままに長引き、済州の中山間部落には警察力が及ばず、治安不在となった。党は中山間の村を戦略地域として利用した。中山間地域は彼らにとって、食糧補給地であり主要な活動地域になった。遊撃隊が本部として利用することができる漢拏山腹の特別地帯は、この中山間部落と隣接している。そしてそれら部落には反乱勢力の親戚がいるなど、人的関係を維持していた。政府は事態の早期収拾は無理と判断し、新たな鎮圧作戦を講究した。ところが軍では連隊長が部下に射殺され、出動命令を受けた部隊が共産細胞によって出動を拒否するなど、要員の思想検証が必要な状況だった。軍内部の思想分裂によって、指揮する部隊を率いて越北したものがいるのかと思えば、内部に食い込んだフラクション事件で軍の機構は乱れ、さらには、三八度線以南の太白山や智異山のような深い山岳地帯では、共産パルチザンが治安を乱し、住民たちを掌握していた。そこで、済州には反乱軍を積極的に鎮圧する意志をもった指揮官を配置した。

政府は事態を強硬に鎮圧しようとした。そのために一九四八年一〇月一一日付で済州道非常警備司令部を設置して、中山間部落を作戦地域に定めた。海岸から五キロメートル以上入った地域と山岳地帯は制限地域と定め、民間人の無許可立ち入りを禁止し、それに違反した場合にはすべて「暴徒」と見なした。その制限地域が中山間部落に該当した。それを「焦土化作戦」と称し、鎮圧軍が反人権的な討伐行為をする契機になった。続いて政府は一九四八年一一月一七日を期して、済州道全域に戒厳令を宣布した。*28

政府側ではその作戦を遂行するために、先ずは中山間部落の住民を海岸部落に移住させた。その次に部落の居住空間に火をつけて燃やしてしまい、生活できなくした。そうした基本戦略は地域の治安責任者や鎮圧部隊責任者ごとに異なった形で実施された。ある場合には、部落民をすべて移住させた後で村の家屋を全焼したが、またある場合には、住民を海岸部落に移住させないままに鎮圧軍が村に侵入して家屋を全焼して住民を逮捕し、射殺した。そうした状況で住民たちは生きながらえるために入山した。そうした作戦で被害を多く被った地域が、南元面衣貴、水望、漢南の三つの部落である。討伐隊は中山間部落の住民を海岸部落に疎開させもしないで、村に入ってくると直ちに家屋に火をつけた。怯えて逃げ出した住民は射殺されるか逮捕された。住民たちは夜が明けると外郭地帯に逃がれた。討伐隊は数回にわたって村のすべての家屋に火をつけた。討伐回数が増えるにつれて、住民たちは鎮圧軍を避けるために、さらに深い山中に逃げた。討伐隊は住民の逃避所を探して、草原と牧場地帯と山腹に至るまで隈なく捜索した。住民たちは漢拏山側に逃げ込むしか術がなくなった。あげくの果てに、それらの人たちはすべて「入山者」になった。

中山間部落の住民たちは自発的に海岸部落に逃げるのも難しかった。夜になると中山間部落は遊撃隊の解放区になり、海岸部落への疎開を厳しく妨害した。さらに、遊撃隊側では住民たちが海岸部落に下りて行けないように警戒する一方で、「少しだけ待てば新しい世の中がやってくる」と懐柔工作をした。

鎮圧軍は期間を定めて作戦地域の住民たちを海岸村に移住させた後、村で生活できないように家屋

＊28 この戒厳令宣布は二つの点で継続して論争になっている。一つは米軍が介入したのかどうか、もう一つは、当時は戒厳法が制定されていなかったのだから、その戒厳令宣布自体が不法ではないかという点である。『報告書』はその二つの問題に対して、米軍は介入したし、不法であるという観点を堅持している。

を燃やしてしまった。しかし、住民たちを移住させもしないで作戦を遂行する場合が大部分で、中山間部落住民たちの被害は余りにも大きかった。

鎮圧軍から逃れて入山者になった人々は討伐隊に逮捕されるか、自ら帰順して一定の審査を受けて釈放されもした。また、裁判手続きを経て実刑を受けたり、裁判手続きを経ることなく処刑されることもあった。そうした過程で一部過激分子や西北青年団員たちが脱法行為に及んだ。鎮圧軍指揮官や隊員たちが済州の実情に疎かったので文化的衝突も生じ、済州の人々に対して以前から持っていた偏見によって、帰順者たちや遊撃隊員への対処の過程で不法かつ反人権的な行為をほしいままにした。

真冬になると、入山者たちは生活が困難になり、帰順のために下山し始めた。鎮圧軍側では帰順を積極的に慫慂《しょうよう》した。帰順者たちは棒切れに白い布きれをかけて帰順の意志を明らかにし、近くの鎮圧軍部隊や警察支署がある村に下りて行った。彼らは審査を受けて釈放された。しかし、その釈放基準も地域の警察署の責任者や実務者、鎮圧部隊の指揮官の性向によって差異が出た。したがって、どこに帰順するかは入山者の生死がかかった問題だった。

他方、遊撃隊で活動、あるいは同調した人々はあっさりと帰順するわけにはいかなかった。しかし、そのあげくに鎮圧軍に逮捕され済州邑の公共の建物に集団的に収容され、状況にしたがって裁判を受けたり、時にはそうした法的手続きを経ないで集団的に射殺された。軍事裁判を受けて刑が確定した人々は、本土の幾つかの刑務所に収監された。ところが六・二五戦争が勃発すると、ソウルと仁川地域の刑務所の収監者たちは進駐した北朝鮮軍が刑務所を解放すると、北朝鮮軍に入隊し、越北を敢行した。その一部は故郷に戻ったが、予備検束で処刑された。そして後方地域の刑務所に収監されていた人々は、戦争状況における政府の危機管理対策の一環で処刑された。そうした中にあっても、刑期を終えて生きて故郷に戻った人もいた。

中山間部落鎮圧作戦には地域の民保団員たちも参加した。彼らは討伐作戦に自ら参加し、海岸部落に定着した中山間部落住民たちが自分の村に備畜しておいた食料と日用品を持ってくるのも手伝った。それは、中山間部落住民たちに食料と生活必需品を供給するために、また、入山者たちに食料を持ち去られるのを食い止めるために必要な仕事だった。

中山間部落に対する鎮圧作戦によって重大な被害を受けると、武装遊撃隊はその管轄部落に対して報復的な襲撃を行った。その例が南元管内である。南元面の中山間部落は遊撃隊の勢力が強い所でもないのに、鎮圧軍による物的、人的被害を多く受けた。そのせいで、例えば一一月三〇日には、南元と衣貴里が今度は遊撃隊の大規模襲撃を受けた。警察が応戦を放棄したので、村は孤立状態になった。支署周辺の約一〇戸を除くすべての家屋が遊撃隊によって燃やされてしまった。鎮圧軍増援部隊は遊撃隊の放火と食糧略奪がほとんど終わるころになってようやく到着したので、被害が大きかった。為美里も大規模襲撃を受けて多くの被害を被った。彼らは食糧と生活必需品を奪取していったばかりか、住民たちを殺害までした。その日、南元里では遊撃隊によって約四〇名が殺害された。それは四・三事件における遊撃隊の襲撃による最大の被害事件だった。

一二月末、鎮圧軍部隊が第九連隊から第二連隊に交替した。新任の咸炳善第二連隊長も強硬鎮圧作戦を維持しながら、入山者の帰順作戦を積極的に繰り広げた。ところが、武装遊撃隊側では、新しい部隊が本格的に作戦を遂行できないように、先制攻撃を敢行した。一月一日に済州邑のある村に駐屯していた第三大隊を奇襲攻撃した。その戦闘で鎮圧軍将兵一〇名が犠牲になった。軍が鎮圧作戦に参加後、初めての大事件だった。続いて一月一二日明け方に遊撃隊は南元面衣貴初等学校に駐屯していた中隊本部を総攻撃した。武装遊撃隊が約二〇〇名動員されたという。「衣貴里戦闘」と言われるほどに鎮圧軍と遊撃隊との大きな戦闘だった。

当時の漢拏山の遊撃隊主力兵力がすべて参加したと言われる（『報告書』三一三頁）。それら二つの事件における接近戦で、遊撃隊員が五一名射殺され、鎮圧軍も四名が戦死した。その事件を境に武装遊撃隊の戦力は急激に弱体化した（『報告書』三一三頁）。また、遊撃隊が退却後には、そこに収容されていた多くの帰順者がすべて処刑された。彼らはその前日午後遅くに釈放されていたのに、翌日に海岸村に下りていくつもりで、そこにとどまっていた人たちであった。

他方、朝天面北村里では住民射殺事件が発生した。朝、細花里に駐屯していた第三大隊中隊兵力の一部が大隊本部のある朝天面咸徳里へ向かう途中、北村里の入口の峠道に潜伏していた武装遊撃隊の奇襲を受けて、二名が戦死した。興奮した鎮圧軍はその近くの北村里に行き、住民たちを集め、警察官と右翼人士の家族を除く全員を銃殺した。大隊本部はその事実を遅まきに知り、中止命令を下したおかげで一部が生き残りはしたが、それは鎮圧軍が住民を不法に集団射殺した代表的な事件となった。衣貴里集団処刑が逮捕された入山者を対象にしたのに対し、北村のそれは村の住民を対象にしたものという違いはあるが、この二つの事件は四・三事件の鎮圧過程で鎮圧軍が住民や入山者を集団的に処刑した代表的な例である。

海岸部落の住民たちも、警察支署がある村（面所在地）を除いては党が主導していたので、自らの意志ではなくても、反乱軍と関係を結んでいることになっていた。したがって鎮圧軍の攻撃目標になった。衣貴里と北村里事件でも見たように、大きな事件は小さな事件が原因で起こった。衣貴初等学校に収容されていた入山帰順者集団処刑事件は、既にその人たちは帰順して釈放されていたので、処刑してはならないはずだった。しかし、鎮圧軍は自分たちを攻撃してきた遊撃隊に対する憤怒で理性がマヒしてしまっていた。入山帰順者たちも遊撃隊と同類と考えたのである。

同僚を失った彼らにとって人権や生命の重要性などなんの意味もなかった。北村里事件もそうである。敵の奇襲によって同僚を失った状況で、兵士たちは理性を失い、反人類的な所業に及んだ。そのように四・三事件では人間の悪魔性が如実に現れた。

その期間にも遊撃隊は海岸村を襲撃し、右翼人士とその家族にテロを加え、警察署を攻撃し、一般住宅から補給品を強奪した。それは生存のための最後の手段だった。また、交通を妨害するために橋梁を破壊し、特に有線通信施設である電信を切断した。北村事件のきっかけがそうであったように、適切なところに身を隠して鎮圧軍を急襲するなど、一種のゲリラ戦を繰り広げた。武装反乱軍の戦力は弱体化していたが、彼らは生き残るために最後の方法で鎮圧軍を挑発、脅かした。したがって海岸部落も安全地帯ではありえなかった。

一九四九年からは、遊撃隊の攻撃に備えて海岸部落でも石で城を積み、その中に住人を住まわせた。城外の住民たちは自分たちの家は戸締りして、城内で暮らさねばならなかった。築城が完成すると住民たちは教育を受けて、昼夜を問わず城を護った。昼でも城外に出る際には許可を受けねばならなかった。自ずと住民たちの生業のための生産活動が委縮した。通行禁止時間が延長され、夜になると城外はもちろん、城内への出入りも自由ではなかった。武装遊撃隊の攻撃が多様になっていたので、可能な限り彼らが住民たちと関係を結べないようにするための措置だった。

一九四九年三月、済州道地区戦闘司令部が設置され、反乱軍と入山者に対する鎮圧と宣撫とを併用する作戦が展開された。新任の柳載興司令官が、漢拏山に逃げていた人々も帰順するなら、すべて赦免するという政策を発表すると、多くの入山者たちが下山した。一九四九年五月一〇日、投票者未達のために無効とされていた北済州郡甲、乙の二つの選挙区で再選挙が実施された。その年六月、武装遊撃隊総責である李徳九が鎮圧軍と交戦中に射殺され、遊撃隊は戦意を喪失した。

六・二五（朝鮮）戦争が起こった。それに伴って、済州の状況も新たな局面を迎えた。漢拏山に残存していた遊撃隊員たちは戦争のニュースを聞いて鼓舞され、海岸村と公共施設と警察署を襲撃して、民間人を殺害、食糧と補給品を奪取、人々を拉致した。彼らは三八度線以南が直ちに共産化されるものと信じ、攻勢をとった。その間、鎮圧軍によって彼らの多くは射殺されたり逮捕されたり帰順していたのに、遊撃隊の勢力は減少していなかった。他方、戦争が危急状況になると、転向者団体である保導連盟加入者、要視察人、受刑者たちも刑務所の状況に応じて即決処分されたりした。

国軍が前線に投入されるに伴って、漢拏山遊撃隊の鎮圧は全的に警察が引き受けるようになった。済州道警察当局は治安を安定させるために、警察局直属で義勇警察隊を組織して鎮圧作戦に投入し、各警察署傘下に郷土防衛隊を編成して鎮圧作戦に動員した。これら二つの団体が解散すると、今度は特攻隊を組織して警察の鎮圧作戦の補助をさせた。

警察は漢拏山残匪と住民との関係を遮断して、残匪を完全に孤立させて鎮圧するために、漢拏山腹の幾つかの要所に警察の駐屯所を設置した。六・二五戦争直前から設置が始まったこの駐屯所は、一九五二年には島全体にわたる三二カ所に増えた。そこには少数の常住兵力が駐屯し、残匪掃討作戦を遂行中の警察鎮圧軍が一定期間、宿泊と食事をしながら次の作戦に備えた。

第一〇〇戦闘司令部設置

一九五二年に李慶進警察局長が赴任すると、積極的に残匪を掃討するために「第一〇〇戦闘司令部」を設置した。この司令部傘下に一〇一部隊、一〇二部隊、一〇三部隊、一〇五部隊が編成された。この部隊には単位部隊である中隊と小隊があり、残匪討伐だけを担当する戦闘部隊だった。その隊員たちは陸軍訓練所で一定の教育を受けて、駐屯所で宿泊しながら残匪掃討作戦に投入された。警察はまた第一〇〇司令部とは別個に、査察遊撃隊を組織して運営した。それらは主に遊撃隊に関する情報を収集し、状況によっては討伐任務も遂行した。また、済州に新兵訓練所が設置された上に多くの避難民が入ってきているという状況もあって、済州の警備のために海兵隊が派遣されていたが、彼らも警察と合同で残匪討伐作戦に参加した。

第一〇〇司令部隷下の部隊は漢拏山の標高五〇〇メートル以上の地域を担当し、それより下の地域は各警察署査察遊撃隊が担当して討伐作戦を遂行した。他方、特殊訓練を受けた陸軍で編成された虹部隊が、漢拏山残匪掃討作戦に投入された。彼らは第一〇〇司令部隷下部隊と合同で主に対民心理戦を担当し、残匪が隠れていそうな地域に潜伏して敵を攻撃する特殊任務を引き受けた。一九五二年当時、残匪は約七〇名だった。その中には武装遊撃隊によって拉致され、遊撃隊の幹部から思想教育を受けて隊員になった場合もあった。彼らは「あと数カ月だけ我慢すれば、暮らしやすい世の中が来る」と教育を受けた。

冬が近づくと残匪たちの生活は困難になった。第一〇〇司令部傘下の鎮圧軍は残匪との接近戦で多くの戦果を上げた。それでも残留遊撃隊員たちは、補給品を確保するために村を襲撃し食料と馬や牛を奪取して行った。数回にわたる第一〇〇司令部隷下部隊との交戦で、残匪の戦力は大いに弱体化した。しかし、戦争が継続している状況では残匪の気勢は衰えなかった。

鎮圧軍側は住民たちの生産活動のために、廃村になった中山間部落を再建して、住民を集団移住させ、生業に従事できるようにした。住民たちは山で、松脂が滴る松の木を切って家の枠組みを作り、カヤを葺いて屋根を作り、臨時の宿舎である「飯場」を建てた。村の住民たちは石を積んだ城郭内で集団で暮らしながら、畑を耕して農作をした。中山間の再建部落では警察官出張所や派遣所を設置して、住民と共に残匪攻撃に備え村を守った。まだ戦争が続いていたので、漢拏山残匪たちの気勢は削がれなかった。主に食料を確保するために村を襲撃し、畑で仕事をしている住民を拉致したりもした。

漢拏山残匪が少数になり、住民の生業を脅かせないと判断した警察は、一九五四年四月一日を期して住民が山間部落へ戻ることを許容した。こうして漢拏山の一部が開放された。その年の九月二一日を期して漢拏山禁足令が解除、全面開放された。住民たちは城の警備もしなくてすむようになった。そして翌年の一九五五年九月二一日には、漢拏山白鹿潭北側に、「漢拏山開放平和記念碑」を建てた。

その翌年の四月三日、旧左面松堂里「チェオルム」で武装遊撃隊副責である鄭権洙が討伐隊と交戦中に射殺された。一九五七年三月、女子遊撃隊員である韓順愛が査察遊撃隊に生け捕りになり、一週間後には総責である金成奎ら二名が射殺された。最後の遊撃隊員呉元権が城山浦査察遊撃隊によって生け捕りになったのは四月二日だった。南労党済州が血の反乱を起こして丁度九年ぶりのことだった。

内戦の暴風に翻弄された島

この時代は、たとえ天地とでも換えがたいほどに貴い人の生命が、まるで蝿の命のように軽く扱われた恐怖の歳月だった。名誉回復委員会に申告された犠牲者の数が一万四千を超えるという。未申告者を含めるとおそらく一万五千になるだろう。その当時、済州の人口が約二九万名だったので、五パーセントが犠牲になったことになる。原因を提供したのは南労党だった。

我が国では解放期に社会主義思想に傾倒したり、追従した人が多かった。それは済州だけだったわけではない。それでもやはり、この島でそうした血なまぐさい事件が起こったことは理解しがたいことである。特に、人民遊撃隊員（南労党の表現）になったから、またその人たちに同調したから、或いはまた、そうした人々とは全く関係なく、中山間部落に暮らしていたという理由だけで「山の人」として追われ殺された人も多かった。政治変動期に革命を夢見ることもありうる。そのために身を投げ出すこともあるだろう。それは人間だけが持ちうる行動様式である。六〇余年が過ぎた今になって、社会主義社会を夢見たそれらの人々の選択を非難するわけにはいかない。しかし、何事につけ用心深く暮らしてきた済州人としては、彼らの政治的反乱が理解できない。

人々は今、そうした痛みが誰の責任かを考えようとしている。しかし、それは痛みを癒す道ではない。そうした痛みは、歴史の険しい道筋で人間が捧げなくてはならない犠牲の供物だった。理念主義者などでは到底なく、懐柔と工作の結果、追従者になって死んだ人々を恨めるわけがない。そもそも、そんなつもりなど全くないのに「山の人」になってしまった人々の立場をどのように説明できるだろうか。

因みに、もう一つの特別なことが現在、済州で起こっている。反乱軍を鎮圧するために国家の命令を受けて闘って死んだ人々、史上初めての民主主義国家を離陸させるための制憲国会議員選挙の仕事を担当した人びと、自分の夫や息子が面長だったから、村の用事を引き受けてあれこれと忙しく働いていた里長だったから、警察官だったから、右翼青年団体の幹部だったからというだけの理由で遊撃隊員たちによって命を失った人々も少なくない。なのに、そうした人々は正確に言えば、四・三事件の犠牲者ではないらしい。統一政府を妨害する単選単政に反対し、外勢である米軍政を排撃し、親日勢力を懲らしめようとして立ち上がった抵抗者ではないからだそうである。

済州市奉蓋洞一二万坪の土地に約一千億ウオンを投じて「済州四・三平和公園」を造成した。和解と共生の名の下に、二度と無謀な戦いをしないように公園をつくり、正義の英霊たちを追慕する記念物を設置し、教育の場としている。ところが、その追慕の対象に関しては、意見の相違が大きい。彼らの正義の魂が平和公園に建てられた碑石でもって、ある日突然に付与された正義の抵抗者という名誉で補償されるのだろうか。もしも補償をするとするならば、今日の韓国を離陸させるために険しい歴史の道筋で犠牲になったという意味で、「歴史の犠牲の羊」という不幸な名誉によってこそそれが可能だろう。ところが、彼らに外勢に対する抵抗者、統一政府樹立を妨害する五・一〇選挙への抵抗者という政治的理由による正義の死という名分を与えれば、霊魂たちは慰労をうけることができるのだろうか。

物的被害も甚だしかった。中山間部落では一九四八年から一九五二年まですべての生産活動が中断された。さらに牧畜を主業とする村では数多くの家畜が死んでしまった。農作業ができない畑は荒れ地になってしまった。海岸部落も被害を免れなかった。遊撃隊によって村が全焼し、学校が焼失し、公共機関が焼失したり破壊され、農業や漁労作業も何ひとつできなかった。村の周囲の松林や森はすべて切り倒された。戦争状況だったので、戦うことを除いてはすべてが停止した。学校も休みとなった。勉強をしたくてもまともにはできなかった。

四・三事件で中山間部落はすべて廃墟になった。海岸部落も安全ではなかった。『済州道要覧』（済州道一九五三年）によれば、この事件で一万九九三四戸九万一七三二名が災禍を被った。統計上の数値でもそれほどなのだから、実態はさらに深刻だっただろう。さらに教育施設に限っても、全焼した初等学校が七三校、中等学校一校である。中山間部落の学校だけが損失を被ったわけではなく、海岸部落の学校も遊撃隊の襲撃で燃やされた。人命被害と家屋と公共機関全焼と破壊状況だけを見ても、当時の済州の状況を想像できる。

さらには、遊撃隊として追われて死んだ人の子孫たちは、権威主義政府の時代に社会活動をするにあたって、不利益を被った、その先代が四・三事件で犠牲になったことだけでも悔しいことである。自分の両親兄弟を自分が選択したのだろうか。その子孫、兄弟、従兄まで連座制で縛られて、社会活動をするにあたって制限され、不利益を被った。それは個人の問題ばかりか、国力の損失である。貴い能力が死蔵され、社会的不平等を深化させて、悔しい思いを抱く人々を作りだした。

眼には見えないことだが、伝統的な済州社会の美風良俗も壊れてしまった。村の共同体内で対立と葛藤が芽生え始めた。一つの村の中で、四・三事件のせいであちらこちらと分かれてしまい、ある場合には一家親戚内でも左右に分裂した。海岸村と中山間村の関係が疎遠になる場合もあった。先祖代々暮らしてきた村を、二度と見たくないと去ってしまった人々もいた。先祖代々暮らしてきた村に分裂が生じ、恨みが渦巻くことになった。

産業生産力も低下し、道民の底力も弱体化した。特に中山間部落の牧畜産業が数年間、停止された。

もしもあの事件がなかったならば、伝統的な牧畜業が現代化する契機がもう少し早まっていただろう。さらに、日帝植民地期に日本で体験的な学習を受けた人材たちによって、済州の産業と教育は新しい転機を迎えていただろう。日帝植民地期に蔑視と冷遇を受けながら外地で得た経験と教育が、四・三事件のようにイデオロギー化せずに教育と産業生産力に投入されていたならば、済州を変貌させるにあたって、さらには新生独立国家を作っていくにあたって、相当なエネルギーになっていたであろう。さらには、民主主義市民意識を高揚する仕事に寄与していたならば、済州は生まれ変わっていただろう。

済州の人的資源は四・三事件によってその多くが失われた。

解放期に左翼運動に参加した人々は済州の重要な人的資源だった。彼らに包摂されて南労党員や、同調勢力になった人々も済州では必要な存在だった。さらに日帝植民地期に日本で教育を受けた知識階層や、たとえ正規の教育を受けていなくても社会や工場労働の現場を体験した人々の中には、伝統的な済州人とは異なって、新しい時代に対応できる人物が多かった。彼らは新しい文明と文化に出合い、その社会変動の先頭に立って対応できる人的資源だった。彼らは創造的な仕事を創案し、遂行できる能力を持った人々であった。ところが彼らの多くが遊撃隊員や、その同調勢力になったために、或いはまた、硬直した右翼理念主義者になってしまうことによって、四・三事件の被害者になった。

そうした人的資源の損失は済州の教育の振興を妨げた。済州は王朝時代に両班階層が脆弱だったが、文物に対する関心は高かった。解放以後、各地域で初等学校が数多く門を開き、中等教育機関も短期間に数多く設立された。文盲退治教育も活発に展開され、文盲率が全国で最も低かった。そのように済州人は教育に対する熱意と関心が高かった。

ところが四・三事件によって教育は深刻な打撃を受けた。初等学校や中等学校の教員の中には左傾し、直接間接に反乱に参加した人々が多かった。初等学校の生徒たちも反乱軍の下働きの連絡兵になったりビラ配布を引き受けたりした。教室で「赤旗の歌」を歌い、大衆集会に参加して騒乱を引き起こしたりした。中学生も武装遊撃隊員や、特殊部隊の要員として活動した。教員たちの中には反乱軍になったり、同調する人が多く出て、教育問題を生み出した。さらに、二、三年もの間、中山間部落の学校が門を閉じた。そうした事態がなかったならば、日帝植民地体制の終息と共に済州人たちの教育熱も高揚し、学校教育は発達していただろう。

その事件によって見えない傷が済州人たちの心と脳裡に残ることになった。

内戦状況において経験した人間の醜悪な悪魔性、外地人たちから受けた不平等と偏見、抑圧的暴力による不安意識は、済州人たちを矮小な存在にした。選択をしくじった場合に受ける不利益という強迫観念は、正直な状況判断を妨げた。その結果、新鮮で創造的なエネルギーが歪曲されてしまった。

また、政治志向と外勢依存という権力主義的傾向も深刻化した。権力が生死を支配した痛ましい経験。彼らは強い者の力を体験的に知ってしまった。さらに、周辺地域の人々特有の無力感と、そのせいで受けた不利益と痛みに対する被害者意識は、彼らの精神の内部にべっとりと張りついてしまった。それを除去するために生まれた中心部に対する熱望は自我を歪曲した。

四・三事件は変動期政治イデオロギーの犠牲物だった。南労党が追求した社会主義社会に対する憧憬とその実現は、本来は済州人のものではなかった。島で生まれ暮らしていたからこそそうしたものを憧憬するようになったわけだが、それがやがては、考えと行動を支配する力になってしまった。反乱の正当性の正否をさておいて根本的に見れば、済州という小さな島がソビエトを熱望したことからすべては始まった。左翼団体結成大会において名誉会長としてスターリン、金日成、朴憲永などが推戴された。今なお私たちの意識には、そうした権力願望がうごめいている。危険な精神疾患である。

しかも、四・三事件の解決法も政治イデオロギーに頼って探し求めようとした。済州の痛みを済州人自らが解決しようとするのではなく、中央の政治勢力の力を借りた。もちろん、そこには名分が、そしてお金も付随するからである。しかし、そうした解決策は票の論理に基づくもので、真正性を欠いた形式的なものに過ぎなかった。票が必要な人々や集団は、決して正直な解決策を見つけだすことはないし、真実を語ることもない。彼らにとって解決法など、どうでもいいことだからである。済州人の苦痛を慰労すると言うが、それは票を得るためのまやかしにすぎない。彼らにとって済州四・三事件など大きな意味を持たないからである。

四・三事件の傷は、それがまるで栄光でもあるかのように私たちの近くを通り過ぎ、私たちをしてその傷の実体までも忘れさせてしまう。その結果、その傷は永遠に治癒できない慢性病として心のうちに残ることになる。

六〇年が過ぎた今、四・三事件が再び理念的論争の対象になって、人々の間に新たな葛藤と反目を助長している。その理由はなにか？　解決法を政治論理で、外勢の力を借りて探し求めようとしたからである。解決法は一つだけである。それは真実に基づいてのみ可能である。なんらかの補償や偽の名誉といった形では可能ではない。名誉というものは自らが知らないうちに得られるものである。四・三事件は正義の抵抗運動で、そうした人々を鎮圧した大韓民国政府は不道徳で反人権的な集団だと罵倒する人々がいるが、そうした論理が真実に基づいていない以上、済州人の傷は治癒されるはずがない。しかも、その事業の結果として造成された済州四・三平和公園展示室は、恥ずべき大韓民国政府樹立とそれに抵抗した正義の四・三抗争を強調する内容で埋め尽くされている。そうした展示は、四・三事件に対する考え方の差異を今まで以上に、険悪に対立させせている。共生と和解どころか、不信と対立を助長している。その原因はなにか？　正直に真相を究明しようとする努力よりも、理念的に、或いは政治的に解決しようとしたためである。

だとすれば、どのようにしてこの問題を克服していけばいいのだろうか？

四・三事件の悲劇を克服し犠牲者の名誉を回復し慰撫する道はないのだろうか？　それは、その事件の実態を正直に究明し、それに基づいて様々な道民の痛みを、道民相互が理解してこそ可能である。そのようにするためには、四・三事件を理解する基本観点が定立されねばならない。

鎮圧過程で発生した反人権的事例のために、自由民主主義国家の建設を拒否しようとした反乱の目的を正当化することはできない。その反対に、それが反国家的反乱だとしても、それを鎮圧する過程で惹起された反人権的事実もまた正当化できはしない。以上が、四・三事件の実相を明らかにし、痛みを治癒するにあたって、大前提にならなくてはならない。

ところで、四・三事件はその始まりも政治的だったし、その解決、すなわち締めくくりも政治的だった。その点で周辺部の島が備える性格の断面を克明に示している。ああ、そうだったのか。隠そうとしても隠し通せるはずがない真実を、結局は四・三事件自身が教えてくれているのである。

第2章　ある作家が経験した済州四・三

二〇一三年夏

私はこれまで四・三事件を素材に数多くの作品を書いてきた。それなのに今になってどうして、事実に基づくフィクションに満足せずに、その事件のノンフィクションを書こうとしているのだろうか？　ある日いきなり、四・三のことを書かねばならないと考えるようになったのは、あのころの人々の姿や気持ちや考えを現代の人々は誰一人分かっておらず、分かろうとする気も持ちあわせていないように思ったからである。そしてもう一つ、今ではすっかり忘れてしまうほど長い歳月が過ぎているのに、むしろあのころのことがますます鮮やかに蘇り、あの人たちの声と表情が昨日のことよりも鮮明に眼前に浮かぶからである。

私の小説の出発点は四・三だった。小説を断念しようと思うたびに、私には書かねばならないことがあるという思いが強く沸き起こり、断念を思いとどまったのだが、今となっては、小説よりも事実のほうが重要だと痛感するようになったのかもしれない。

もっと直接的な理由もある。私は『本質と現象』誌（三二号、二〇一三年夏号）に論文を発表した。その内容は、盧武鉉政府が「過去史清算」事業の一環として「済州四・三事件真相究明及び犠牲者名誉回復委員会」を設置し、三年かけた調査研究の結果として作成した『済州四・三事件真相報告書』に対し、その誤謬を指摘し、政治権力が歴史を改ざんすることを問題視したものだった。ある学会で口頭発表した学術論文だった。ところが、それが済州の一部メディアといわゆる四・三関連団体から集中砲火を浴びた。「四・三を侮蔑・中傷した」というのである。私の論文の誤謬を具体的に提示した上で反駁するといった手続き抜きで、「四・三を誹謗・中傷した」という一言で、すべての論理を一蹴してしまった。私は四・三を誹謗・中傷するどころか、その真実に対して愛情を抱いている。ところが彼らは、私が骨身に染みて侮辱を思い知るように、厳しく野卑な言葉を動員して私を罵倒した。それはひと昔前に、「おまえはアカだ」の一言でその人のすべてが決定されたのと異なるところがなかった。

狂乱の時代は終わっていなかったのである。私は彼らの興奮した言葉を読んでいるうちに、私自身もそれにつられて興奮してしまうのではと懸念しながらも、私の故郷の人々が四・三をまともに分かっていなかったことを確認した。四・三が分かっているならば、四・三を語る人にそのように憎悪をぶちまけることはないはずだからである。四・三をなにもかも知っているとか、愛していると自負する人々でさえも、その事件をまともに分かっていない。そうした人々の認識の水準が低いのは、四・三に対する真正な関心が不足しているからである。なぜ、不足しているのだろうか？　彼らが知っていると自負しているのは、だれからか受けた教育や読んだものから得た知識と理念、そして価値観に基づいているからである。他方では、まともに知っている人たちは口を閉ざしている。なぜ、そうなのか意外に思えるが、二〇一三年夏に済州で起こったことを経験してみて、その理由が分かるようになった。

二〇一三年になっても「狂乱の時代」は終わっていなかった。一九四八年から二〇一三年まで六五年もの長い歳月が過ぎても、溶けたり酸化したりしないままのあの憤怒と憎悪と怨恨の正体は一体なんなのだろうか？

形式的な時間の概念からすれば、四・三は私の九歳から一四歳までに起こった事件である。九歳の時に私が経験したことだと言えば、それを事実とは信じてもらえないかもしれない。しかし、今ここで私が書いているのは、私が九歳の時に経験したことなのではない。その後も人々は集まると、あの辛い歳月に経験した厳しく辛い物語を繰り返し語った。それが私の記憶と血に溶けこんでしまっているのである。

このように書き残すことによって、あの険しい時代を生き延びてきた人々の真実の一端なりとも後世に伝え、あの時代を生きていた（既にこの世を去った人もいるし、今なお生きている人もいるが）人々の「恨」を晴らすことになるのではないかと期待した。私は自分の記憶をそのまま信じるように他人に強要したいとは思わない。しかし、本書に記した私の記憶の断片を通して、済州四・三という歴史の実相を眺める人々の眼差しが、もう少しまともなものになることを願っている。

実にいろんな人たちがこの世を去った。死はすべてを清算する。生き残った人々は「自分」が、あるいは「彼」が、どちらの側にいたかなどは考えない。生き残った事実を祝福として受け入れた。なぜならば、生き延びたことによって、あの痛ましい物語を分かち合うことができるからである。どちらの側でどのような経験をしようと、それは両者が共有できる事実だった。したがって、当時の自分の痛みと苦痛を語りながらも、誰か他人を恨んだり憎んだりしなかった。そんなことよりもあの険しい狂乱の時代を共に経験したという同質感のほうが大事と考えたのだろう。

あの時代を生きた人々の言葉は静かなのに、今を生きている人々の声はとげとげしい。なぜそうなのだろうか？　経験した人々は、真実を語っているから声を高める必要がないのに対し、事態をきちんと知らない人々は、大声で話すしかないのだろう。そのように声を大きくすることによってしか、自らが依拠する価値や理念を創り出せないからである。

一九四七年夏

激しく揺れる門の音に家族全員が眠りから覚めた。

「チョン……出てこい」

険しい男の声に続いて、縁側に上り込んでくる足音が騒がしくなった。父はむっくりと起き上がり、慌てて裏戸の方へ走り出た。石垣を越えると松林だった。

「逃げるぞ！」

裏の石垣の方から叫び声と呼子の音に続いて、ダン、ダン、ダンと銃声が聞こえた。母は二歳になったばかりの妹を抱きかかえ、眼を閉じた。その時、部屋の戸が開き、銃を持った警官が母に銃口を向けた。

「どこへ逃げた？」

母は裏戸を指さした。その時、中庭から「捕まえた」という声がした。警官は銃をおさめて、立ち去った。母が縁側に出ると、私もその後に続いた。奥の間で寝ている曽祖父、曽祖母も起き、離れで暮らしている祖父と叔父の部屋で眠っていた兄も中庭に出てきた。

中庭の隅に下着姿の父が、捕まって座っていた。母が部屋に戻って父の服を持ってきた。服を着るために立ち上がった父の片足から血が流れていた。銃弾にあたったのだと思った。

「チョン○○はどこだ」

警官たちのなかでも責任者らしい男が父を追及した。

「存じません」

「ここに来たという情報をつかんでいるんだぞ」

父は再び知らないと答えた。責任者は祖父に、チョン○○がこの家に隠れているという情報を得て来たのだが、父が逃げるのを見ると、なるほど怪しそうだと説明した。

「うちの息子にはやましいことなんかありません。家の隅々まで探してみてください」

祖父が頼んだ。すると警官たちは、土足で家を隈なく探した。

「いつ、奴に会った？」

父は、ここ数カ月間まったく連絡がない、と答えた。その間に、母は木綿の手ぬぐいで父の右足の脛を巻いた。警官が父を捕まえる時に銃床で殴りつけたらしかった。

「おまえも南労党だろ」

責任者がたたみかけた。

「違います。私はこの家の宗孫なので、そんなことにかまけている余裕はありません」

「南元面の南労党の首謀者たちはみんな友達だろ」

「それでもその連中は、私には加入しろと言いませんでした」

「嘘だ。こいつを引っ張って行け！」

警官は父を縄でくくった。家族全員の顔が真っ青になった。警察へ連れて行かれると、無傷で戻ってくるのは難しいことが分かっていた。

父が警官に引っ張られてオルレの外に出て行くのに、誰も何も言わなかった。三番目の叔父は家におらず、末の叔父が父の後について出て行った。

「嫁や、明日の朝、警察にご飯を持っていってやらんといかんじゃろ」

母は祖父のその言葉を受けて、朝食を炊く準備を始めた。

「あいつはどこに行きよった？」

祖父は三番目の叔父のことを心配した。その下の二人の叔父は初等学校を卒業してからは家で畑仕事をしており、その二人よりも上で、上から数えて三番目の叔父は日本軍に徴兵されたが、生きて戻ってきて家で体を休めていた。

しばらくして三番目の叔父が中庭に入って来た。父が警察に捕まって行ったという話を末の叔父から聞いて、駆け付けてきたのである。叔父はぼんやりとオルレの方を眺めていたが、そのうちどこかへ出て行った。

その時、隣の家の親戚がやってきて、警察が父を連れて「上の家」へ行った、と教えてくれた。その家は経済的にゆとりがあり、警官だった二番目の息子は先だって辞表を出して、家でぶらぶらしていた。父を連行した警官たちのなかにその家と縁のある者がいるのだろう。

その夜、三番目の叔父は「上の家」で警官の責任者とあいさつを交わしがてら事情を尋ねてみたが、埒が明かなかった。その家では鶏をつぶして警官たちに食事を振る舞った。食事が終わると、彼らは父を連れて南元警察署まで下りて行った。明け方に三番目の叔父が帰宅して、そう教えてくれた。

父の食事を入れた籠を提げて、三番目の叔父と祖父と母が連れ立って警察署に向かった。しかし、夕刻になって、食事を渡すどころか父の顔も見られないままに戻ってきた。叔父は警察署とコネのありそうな人を探しだし、父のことで助力を頼んだ。

二日後に父は戻ってきた。南労党に加担しておらず、先般の三・一事件にも関係していなかったことが明らかになって、釈放されたのである。普段から病弱な父なので、そんなことがあってから数日間は、床に伏した。

その事件があって数日後に、三番目の叔父は警察官試験を受けることに決めた。

その年の夏、一九四七年八月二日にその叔父は済州警察学校に二期生として入学した（「済州新報」で四・三事態の関連記事を探しているうちに、警察官合格者リストに叔父の名前を見つけ出したことがある）。

登校途中の道端の岩や大きな木の幹にビラが貼ってあった。白いざら紙にまだ乾ききっていない墨で書かれたビラからは、墨の臭いがした。そのビラを読んでいると、あの夜中に捕まって行った父のことが思い出されて、あわててその場から逃げだした。

「米軍を追い出そう。洋菓子を食べるな。人民は街頭に出て共に戦おう。朴憲永万歳、金日成将軍万歳！」

私は初等学校に入学する前に千字文を学び、漢字ならほどほどに読めた。ところが朴憲永や金日成とは誰なのか？　スターリンは誰なのか？　ただし、あの頃には金日成将軍に関しては面白い話が飛び交っていた。まるで神出鬼没で、日本軍を蹴散らかす、といった内容だった。

学校の正門では警官が旧式の小銃を提げて、歩哨に立っていることが多くなった。警官数名が校長官舎にやってきたりもした。校長の金先生の表情は暗かった。昨年の担任だった呉先生をはじめ数名の先生方が学校に姿を見せなかった。

呉先生は三番目の叔父の友人だった。初等学校を卒業後、三種訓導試験に合格して先生になっていた。学校は授業がない日が多くなり、呉先生とは二度と学校で会えなくなった。

夏休みが終わるころに、三番目の叔父は警官の制服姿で拳銃を提げて家に立ち寄った。楸子島への発令を受けたのだそうだ。叔父が日本軍に入隊する前に、青年団員の指導者としてしばらく暮らしていたところである。数日間、家で過ごしてから叔父は出発した。

一九四八年春

四月初旬のことだった。学校に行ったが教室はざわついていた。共産党員たちが警察を襲撃して警察官と給仕を殺したと言う。授業がないのはよかったが、呉先生の姿が見えず気がかりだった。

数日後に、南元国民学校六年生の兄が修学旅行で済州島一周に出発したのに、途中で戻ってきた。旧左面金寧里までは辛うじて行ったが、済州邑の方にはそれ以上は進めなかった。随所で電信柱が切り倒され、新道を横断するように石垣が積まれているので車が通れず、警官と暴徒（四・三事件が起こってからは、武装隊のことをそう呼んだ）との間で銃撃戦が起こるなど、島一周の旅行は難しくなったと言った。

父は大事《おおごと》になったと心配していた。村でも姿を隠してしまった青年が何人もいた。父と祖父のやり取りを聞いていると、それが誰かおおよその見当がついた。日帝時代に徴用に行った青年たちや村の最も山側に住んでいる数人なのだが、そのすべてが警官になった三番目の叔父や末の叔父の友人だった。そのうえ、近頃は末の叔父が夜になっても家に戻らず、大人たちは心配していた。

村に警察応援隊がやってきて公会堂に駐屯した。父はその頃には村の区長をしていたので、応援隊がしきりに我が家に出入りした。公会堂の裏の空き地にテントを張り、村の女たちが班を組んで食事の世話をした。

その応援隊もやがて去った。その後は、兵隊の大部隊が作戦中に村を通り過ぎて行った。時には、兵隊たちが米を持って家にきて、ご飯を炊いてくれと頼むこともあった。

選挙が近づくと、見ず知らずの若者が我が家を訪ねてきて、通りすがりなのだが、日が暮れてしまったので、一晩泊まらせてくれと頼んだ。その旅人はうちの家が村の区長の家であることを知ってきたと言った。家では三番目の叔父の部屋で寝てもらうことにして、夕食を振る舞った。ところが朝になってみると、その人は既にいなくなっていた。

そんなことが何度かあった。家の大人たちは、その人たちはどうも旅人ではなさそうだと言った。一度など、ちょうどそんな人が縁側で休んでいると、インテク叔父（上の家の警察を辞めた息子のことで、後にも登場する人物）が家に立ち寄って、長時間、話を交わしていた。選挙の話だった。

南済州郡の立法議員候補の一人である梁ギハ候補は母方の親戚で、数日前には村にやってきて公会堂に人を集めて話をしてから、我が家に立ち寄ったことがあった。

その頃、父は夜に家で寝なかった。或いは、家にいても自分の部屋では寝ないで、牛馬小屋や、家の裏にある干し草の山で寝た。南元面の選挙事務を引き受けている父の友人が南労党に殺されたという噂が伝わってきた。

五・一〇選挙の投票が村の公会堂で実施された。前日に警察官三名が投票箱を人夫に担がせて村にやってきた。

選挙当日はじめじめしてうっとおしい天気だった。村の人々は生まれて初めて投票所に出向いて、投票というものをした。警官三名が投票所を守っていたが、そのうちの一人が雉狩りでもすると言って出て行ってしまった。兄、そして一緒に投票状況を見守っていた「上の家」の叔父（先に出てきたインテク叔父のこと）もその警官に同行した。

ところが一時間も経たないうちに、兄が顔色をなくして駆けこんできた。インテクの叔父が暴徒たちに拉致されたと言うのである。続いて、雉狩りに出かけた警官も戻ってきた。暴徒の大部隊が下山途中に、一人でいたインテク叔父を見つけて、捕まえて行ったと言う。投票はほぼ終わっていた。警官たちは動揺しはじめた。投票が終わるとすぐに投票箱に封をして、馬にのせて運搬することにした。当初の計画では、馬車を利用することになっていたが、馬車は大道を進まねばならず危険なので、馬で小路を選んで南元に下っていくことにしたのである。

村中がざわついていた。親戚たちが「上の家」に集まった。人々は警官らが逃げ出したことを非難した。兄が状況を説明した。およそ二〇名から三〇名の暴徒たちが隊を組んで下に向かってきたところ、たまたま一人で雉の網を調べていたインテク叔父を見つけたと言うのである。

投票箱を南元へ送り届けた村人が戻って来た。馬で衣貴の村を経ずに、その西側の村である漢南里を経由して南元に到着し、帰路も同じ道を戻ってきたと言う。夜が深まっても拉致されたインテク叔父の消息はなかった。集まった人々からは、青年たちを集めて探しに行こうという意見が出るかと思えば、こんな夜遅くにどこへ行って探すんだ、馬鹿も休み休み言え、と反駁する意見もあった。

明け方になって、拉致されたインテク叔父が戻ってきた。パンツ一枚の姿で、体中が血まみれだった。だれもが唖然とした。そして、ご先祖様のおかげだと言った。その脱出物語はしばらくの間、村の人々の話題に上った。

インテク叔父は暴徒に山中へ連れて行かれた。水望里の共同牧場地帯を過ぎて、赤オルム付近の大きな洞窟に到着した。そこに本隊があって、拉致した部隊の指揮官が上官に事情を説明した。水望里と衣貴里では投票監視のために警官の大部隊が警備していたので退却を余儀なくされたが、その代わりに一人を捕まえてきた、と報告したのである。インテク叔父がその部隊の責任者に嘘をついて教えた通りだった。そんな嘘でもつかないと、彼らが投票所を襲撃して投票箱を奪取する可能性があったからである。

インテク叔父は本隊の指揮官から審問をうけた。

村で何をしているのか？　選挙管理の責任をまかされているのか？

ところがやがて、本隊の最高責任者らしいその青年が眼を大きく開いて、

「俺が分からないのか？」

と高飛車に尋ねた。

なるほど、そう言われてみれば、インテク叔父にも見覚えがあった。区長の家（我が家のこと）で選挙について議論を交わしたことがあった。

「こいつは五・一〇選挙の積極支持派だ。水望里と衣貴里で選挙の警備をするために、警察が数十名ずつ配置されたという事実をお前たちはどうして知ったんだ？」

「こいつがそう言ったのです」

「この馬鹿者どもめ。こいつは我々の事業を妨害するためにデタラメを言ったんだ」

彼は部隊を指揮していた者を叱り飛ばして、「こいつをどこか少し離れた所に連れて行って処置しろ」と指示した。暴徒たちはインテク叔父の服をすべて脱がそうとした。しかし、縄をほどかないと服を脱がせられない。そこで彼らは縄をほどき、パンツだけを残して他はすべて脱がした。武装隊の二人が叔父を連れて外に出て行った。四方が暗かった。二人が前後から叔父を挟んで進んだ。

森の中に入って行き、叔父を処理するのにふさわしそうな場所を探していた。その時、叔父は縄を解かれていたので、後ろからついてくる男をいきなり殴り倒して、逃げた。前を進んでいた男が、振り向きざまに銃を発射した。叔父は低い方へ向かってノロジカのようにすばやく逃げ去った。

そんなことがあってから、インテク叔父は辞めたばかりの警察に復帰した。

父が村を去った。南労党員である友人たちが人を介して、会おうと何度も連絡してきて、あげくは入党して協力するようにという勧誘の連絡までも受けた。父は病弱で、そんな生活ができるはずもなかった。そのうえ弟が警官だし、なにより、その人たちの考えに同調できなかった。

その年の夏、父は私たちのもとを去って、叔父が勤務する楸子島に避難した。

一九四八年秋と冬

村は落ち着かなかった。祖父は麦の種まきさえ終えれば、警察署がある南元里に下りていくつもりだった。サツマイモも取り入れて貯蔵所に埋め、秋の収穫も終えた。牛馬の秣《まぐさ》も刈り取って家に運んだ。麦の種まきだけが残っていた。

学校は先生たちが出てこないので休みになっていた。真夜中に、祖父は親戚の家の朔望の祭祀（陰暦の一日と一五日の儀式）のために、私を連れて家を出た。祭祀がある家は村の公会堂の裏手にあった。

公会堂の方に向かっていたところ、警官たちを載せた数台のトラックが眼にとまった。警官たちがトラックから降りているところだった。祖父は私の手をつかみ、歩みを速めた。

「そこのそいつは誰だ？　そこで止まれ」

運転席から拳銃をさげた警官が飛び降り、祖父を呼び止めた。

「こんな夜中に、どこに行くんだ？」

「あの、あそこの親戚の家で朔望の祭祀がありまして」

祖父は長いオルレ（通りから家の門に至る小路。済州特有の住居様式）の奥のその家を指さした。

「朔望の祭祀だと？　こんな夜中に、討伐隊が来たとでも連絡に行くに違いない。こいつを始末してしまえ」

二人の警官が近づいてきて、銃口で祖父の胸をトントンとたたき、道端の奥まったところへ押しやった。祖父は私に、はやく行け、と目配せした。でも、足が動かなかった。

討伐隊が祖父に銃を向けた。

「ちょっと待つんだ！」

別のトラックの運転席から叫び声が聞こえた。拳銃をさげた警官が降りてきて、祖父に向けられた銃口を手で払った。

「俺の叔母のご主人だ。叔父さん、どうしてこんな真夜中に」

祖父はようやく少しは気持ちを取り直したのか、甥にあたるというその人をぼんやりと見つめた。父の母方の親戚だった。祖母に連れられて、祖母の実家の祭祀など大きな行事の際に、その家で会ったことがある。その家の長男だった。

「まったく、取り返しのつかないことになるところでした。さあ、急いで行ってください。途中で討伐隊に出くわしたら、鄭警尉の叔父と名乗ってください」

祖父はその言葉を背に、私の手を取って急いでその場を去った。

「俺の叔母のご主人だ。肝に銘じておけ」

背後からその叔父の大きな声が聞こえた。

トラックから降りた討伐隊員たちは、数名ずつ班を組んで四方に散った。

私たちは朔望の祭祀には参加せず、引き返して家路についた。しばらく進むと、道端にいた三、四名の討伐隊が、またしても私たちを呼び止めた。

「どこへ行ってきたんだ。討伐隊が来たと連絡に行くに違いない」

若い警官は銃口を祖父の胸に向けて、ぞんざいに怒鳴りつけた。祖父は怯えて青ざめた顔で、親戚の家の朔望の祭祀に行って帰るところだと、ありのままに答えた。そして討伐隊の鄭警尉の叔母の夫だと付け加えた。

「こいつめ、でたらめを言いやがって」

祖父の言葉に腹を立てたのか、討伐隊が険しい顔つきで言った。

「ちょっと待て！　その方は第二中隊長の叔母上のご主人だそうだ。さっき、郷祠の前で見かけたばかりだ」

畑から走ってきた別の討伐隊員が、祖父に銃を向けている隊員を制止した。

「幸いでした。急いで行ってください」

「うちの叔父さんも警官なのに」

私は口の中で言った。その時だった。

「あそこのあいつめ、逃げるぞ」

私たちの傍にいた討伐隊員が叫んだ。誰かがこちらに向かっていたのに、討伐隊員を見るなり踵を返して逃げ出した。隊員たちはその青年に向けて銃を発射した。青年はバッタリと倒れた。

家に戻る途中で、その死んでいる青年を見た。祖父は顔を見て、ただちに眼を背けた。兄より二歳年上のマンボクだった。血の臭いが鼻に沁みいってきた。

随所で火の手が上がっていた。祖父は私を連れて足を速めた。

その日、討伐隊は一〇戸余りの家屋を燃やした。彼らは道を走っている人々を見るとただちに撃ち殺した。不思議なことに、最近村から姿を消した青年たちの家ばかりが燃やされた。

祖父はその日の出来事を何度も何度も話した。「人の命は紙切れ一枚の差で決まる」と。

後で聞いた話では、討伐隊は姿を消した青年たちを捕えるためにその家を急襲したところ、誰もいないことが分かると直ちに火をつけた。ある家では、人がいるにはいたが、息子を出せと責め立てても知らないと言い張るので、家に火をつけ、その家の人々を撃ち殺した。

我が家では家に火がつけられるのを見越して、所帯道具や衣服や食糧を別の所に隠した。穀物は甕に入れて、土を掘って埋め、所帯道具も当座に必要なものだけ残して、他はすべて家の周囲の石山（火山島という特質のせいで、畑を耕しているうちに次々と岩や石ころが出てくるので、それを家の近くに積んである）を崩して、その中に隠した。服や布地は畚《もっこ》や藁で包んで石山に隠した。

私たちも山に避難しなくてはならなかった。討伐隊に見つかりでもすれば情け容赦ないことが分かった。小さな家（分家くらいの意味）の祖父、祖父の弟で、私たちは小さな祖父と呼んでいた人が夜中に訪ねて来て、曽祖父を連れて行くと言った。曽祖父は七〇歳を超える高齢のうえ、視力が弱かった。後に聞いた話では、祖父がどうしてそんなことをしなくてはならないのかと尋ねると、小さな祖父は「ここより自分の家の方が安全だから」と答えたとのことだった。その夜、曽祖父は小さな祖父に連れられて行った。

私たち家族は朝食を終えると、昼食代わりの腹の足しになりそうなものを準備して、家を出た。祖父は家族を二組に分けて別々に行くようにした。祖母と叔母と母、そして兄が一緒に、私と祖父と妹は別の所に行った。

私は家族と別れるのはさびしかったが、祖父は何も言わずに私を連れて出た。

村の東側にセギオルムという禿山があった。夏休みが終わるころになると村の盂蘭盆を行う所である。私たちの村より下の方にある衣貴里の平原には、ノクシオルムという低い山がある。村人たちがその頂上で見張りに立って、討伐隊が上ってくるのが分かると、長い竿を寝かせることになっていた。セギオルムにはまだ、その竿が立っていた。

私たちは村を抜け出て広い平原を通り過ぎた。そのあたりのほとんどが牧草地や茅畑である。一時間ほど歩いた。小高い丘の裾の方に行くと、ポッカリ大きな穴が開いていた。その中に入っていくと、既に幾人か来ていた。うちの村の人ではないが、祖父とは知り合いのようだった。そこは大きな窟で、その周辺で仕事をしていて雨に降られたら、雨宿りをしたりするそうだ。あちこちに藁が敷かれ、火を焚いていたのか、燃えた木片が残っていた。

私たちはそこで半日過ごし、包んでいった昼食を食べた。セギオルムの竿は相変わらず立っていた。陽が西に傾くと、家に戻った。別の所に行っていた家族も無事だった。そのようにして数日間、祖父について村を出て、人里離れた所をあちこちまわりながら隠れて過ごした。

その日は、家を出てしばらく行くと、村の方から銃声が聞こえ、火の手が上がるのが見えた。祖父は恐れおののいて、私たちを道端の椎林に入らせた。そこにも小さな洞窟があった。五、六人は入れる所だった。祖父はその洞窟の外に出て、ぼんやり村を眺めていた。私も後について出た。村で火の手が上がるのが見えた。

その日、夕暮れてから村に戻ってくると、我が家はそのまま残っていた。周囲の数軒の家もそのままだった。村の端にある数軒の家だけがそのままに残り、それ以外の家はほとんど燃えてしまっていた。討伐隊が家の中庭に入り、藁室の藁を引っ張り出して火をつけて屋根に放り投げたのだと言う。そして、人を見れば銃を乱射したと聞いた。

その夜、村では住民総会を開いた。代々暮らしてきた家を失った人々はまともな精神状態ではなかったと、会合から戻ってきた祖父は語った。

「家にある食料と家財道具の半分は分けてやるんじゃ。どうせいつかはすっかりなくなるもんじゃし」

祖父の言葉を受けて母は叔母と一緒に、家にある食器と米を村の区長宅の中庭に持って行った。区長の家も燃えてしまっていた。村では家財道具を予め隠しておかなかった家が多かった。集まった食料と日常品を、幾つかの家に分け与えた。

その日もうちの家族は、明け方に朝食を終えて家を出た。この頃は討伐隊が早朝に村を襲撃するのだそうだ。それまでとは違って、数回の食事分の飲食物を準備した。今回は家族全員が一緒に行った。以前よりも遠くへ行った。私たちが到着したのは、「チョンドン窟畑」と呼ばれる宗家の大きな茅畑である。まだ茅を刈っていないので、人がそこに入っていくとその姿が見えなくなるほど、茅が生い茂っていた。畑の四方は低い丘で、畑が周囲より低かった。その中に入って座ってしまえば、その横を討伐隊が通り過ぎても見つからないと言われていた。その畑の脇には小さな洞窟が幾つかあった。それぞれが一〇余人くらいは入れる洞窟だった。そのうちのひとつをうちの家族が使うことになった。

そこに集まっていたのは、ほとんどが同じ村の人々だった。若者たちは低い丘から村の状況を見守った。丘に登るとノクシオルムとセギオルムの頂上に立つ竿が見え、村の家々も一目で見えた。青年たちが洞窟に入ってきて、竿が寝かされたと伝えた。まだ早朝だった。陽光が東向きの洞窟の入口まで入って来ていた。

外に出て行った青年たちが再び入ってきて大声で、衣貴里の村が燃えていると伝えた。私も出てみた。村が煙で包まれていた。衣貴里は広い地域に跨っており、残っている家がまだたくさんあると老人たちが言った。私は胸がドキドキしはじめた。うちの家もそのままではありえないと思った。

昼になった。私たちは洞窟で昼食を食べた。祖父が、生き残った者は食べねばならんと言った。サツマイモとそば粉で造ったトルレトク（結婚式などで卓上にのせる大きな丸モチ）を食べていると、青年が入ってきて「水望里もすっかり燃えています」と声を上げた。この前、二回目に討伐隊がやってきた時には燃やされなかった家も、燃えていると言うのである。すると、祖父も洞窟の外に出て行き、戻ってきて「うちの家も燃えている」と伝えた。私はその瞬間、声をあげて泣いてしまった。何故泣いたのかは分からない。うちの家が燃えたという言葉に、たちまち喉がつまり涙が噴き出した。

家の大人たちはそんな私を不思議そうに見つめた。後にも、その時に私が声を出して泣いたことが時々、話題になった。高祖父が分家する際に建てた家である。漢拏山で最高のケヤキとシラカシを使ったと言う。私は初等学校の入学前に曽祖父から千字文を学んだが、その時、ケヤキの板間を濡れ雑巾でしっかり拭くと、顔が映るほどに透き通って奇麗だった。そこに筆で文字を書く練習をした。その家が燃えてしまった。家の誰も口を開かなかった。

周囲が暗くなるとセギオルムに竿が立った。討伐隊が引き上げたようだ。私たちは家に戻った。

家は跡形もなかった。肉がすっかりそげおちて骨だけになったように、赤い石壁だけが残っていた。もくもくと煙が上がり、土くれの熱気が顔をかすめた。豚小屋では豚が銃弾にあたって死んでいた。牛と馬は数頭だけ野良につないで、他はすべて放してやった。

祖父が出かけて、村の青年二人を連れて戻ってきた。木の柱を立て、裏の石垣に隠しておいた筵《むしろ》を持ってきて周囲を囲い、風よけにした。残っていた秣《まぐさ》を広げて、座るところを用意した。母は隠しておいた釜を取り出して夕飯の準備をした。祖父は死んだ豚を荷車に載せ、近所の人と一緒に引いて近くの川べりへ向かった。

しばらくして、祖父は豚肉を持ってきた。近所に分け与えて残ったものを持ち帰ったのである。

夕食が始まった。茹で豚はおいしかった。

「こんな時ほど気持ちを引きしめるんじゃ。生き残った人間は生きねばならん」

祖父は家に戻ってこない叔父たちのことを心配した。祖父には子どもがたくさんいたのに、今では傍に一人もいない。夜空に星が一杯だった。四方は塞いだが頭上は開いたままだったので、寒かった。祖父と兄は薪を持ってきて、中庭の隅で一晩中火をたいた。

翌日も家族は村を後にした。村の家々のほとんどが燃えてしまったので、さらに燃やすために討伐隊員たちが来そうになくても、家でじっとしておれなかった。村はずれには、まだ数棟の家が残っていた。

そんなふうにして数日を過ごしているうちに、祖父は私たち兄弟を十里も離れた母の実家へ送るように、母に相談をもちかけた。母の実家がある新興里バクスムル部落は山村だが。まだ討伐隊が家を燃やしていなかった。

「家族が別々におれば、誰か一人でも生き残って、死体を拾うことができるじゃろ？」

祖父は私たちを手放すことを渋る母を説得した。母もついには祖父の言葉を受け入れ、私たちを実家に送ることにした。母には四歳になる妹とその年に生まれたばかりの弟の世話があった。私と兄は母の実家へ向かった。祭祀などの大切な用事があるたびに兄と一緒に通い慣れた路だった。しかし、山道を進みながら兄は一言も言わなかった。それ以前に母の実家へ通う道中は楽しかったのに、今回は悲しかった。もう二度と家族と会えないような気がして、怖いほどだった。

母の実家で朝食を食べていると、母が末の弟を背負って訪ねてきた。

「子どもたちを連れ帰ります」

母は外祖父に、父が戻ってきて、家族が一緒に暮らせるようになったと話した。

「姉さん、連れて行かないほうがいいんじゃないですか。南元に疎開しても、そこが安全だというわけでもなかろうし、あと数カ月だけ我慢すれば、済州島も新しい世界になるんですから」

母方の叔父が口出しして、母を引き止めた。当時二四、五歳くらいだった母方の叔父は一人息子で、既に結婚して息子と娘がそれぞれ一人いた。小学校を出ただけの知識で、どうしてそんな言い方ができたのだろうか？　おそらく、あちら側の人々によって徹底的に教育されていたのだろう。その叔父を思い出すたびに、当時の済州島の人々がいかに荒唐無稽な考えにとりつかれていたかがよくわかる。「おまえに、どうしてよその家の子孫の責任を負うことができるんじゃ。姉さんが言う通りに、送りだしてやるんじゃ」

母方の祖父が叔父をたしなめ、母の願いを受け入れた（私がその言葉を記憶しているわけではなくて、母が後日、その時のことを何度も繰り返して話したのである）。

私たち兄弟は母と一緒に故郷の村に向かった。

後に父は、家族と一緒に暮らす為にどれほど奔走したかを何度も話した。私自身も家長になってみて、そうした父の気持ちが痛いほどに理解できるようになった。

楸子島に身を隠していた父は、済州島全体が火の海になり、誰もかれもが死んでいくという話を耳にすると、いても立ってもおれず済州邑に戻ってきた。しかし、そこから故郷の家までは果てしなく遠かった。済州邑から西帰浦へ島を東西に横断する新道を定期バスが運行していたが、それも中止されていた。武装隊が隠れひそんで襲撃してくる懸念があったからである。

済州邑では、父からすれば母方の叔父が、済州自動車会社で管理職をしていた。私たちはその人のことを車のお祖父さんと呼んでいた。父はその人に頼みこんだ。済州邑で数日過ごしているだけで、気がおかしくなった人があちこちにいることを思い知った。通りすがりで西北青年団員に言いがかりでもつけられたら、だれであれ半殺しの目にあってしまう。そんな様子を見ながら数日を過ごすうちに、西周りで西帰浦まで行くバス便に乗るチャンスを得た。後の父の話によると、命を天に任してそのバスに乗ったそうである。危険だからと父に思い止まらせようとした人がそれほど多かったらしい。

一日かけて西帰浦に到着した。しかし、南元までの約一五キロの距離がまたしても果てしなく遠かった。父の兄筋にあたる親戚が西帰浦で暮らしていたので、いったんはその家に身を落ち着け、自転車を借りて夜中に南元まで走った。危険な道のりだった。警察や山部隊に見つかれば生きて帰れないことを重々承知のうえで、家族のことを思うとひと時も逡巡しているわけにはいかなかった。

南元まで辿りついたが、水望里のような山間部落まで家族を連れに行くなんて考えられないことだった。中山間部落、特に衣貴里と水望里、漢南里は山部隊の支配区域だった。山部隊は村に住む人々が海辺部落へ下りて行くのを妨害した。

そこで、父は警察の協力を得る一方で、水望里と衣貴里に家族がいる警官や公務員たち数名と相談して、その家族たちを疎開させる計画を立てた。警官と民保団の幾人かの支援を受けて、父と数名が出発した。衣貴里の中央に着いた頃だった。両側から銃の攻撃を受け、とうてい前に進めなくて退散してしまった。

その経験を生かして、次はもっと緻密に計画を立てて警察の人員も増やした。

その数日前に母は父から、南元に来ているので会おうという連絡を受けていた。母は末の弟を負ぶって、漢南里、次いでは南元里の上の部落である西衣貴（ソオッキ）集落を経由して南元へ行くつもりりだった。それは人里離れてひっそりとした道だった。母が幼い弟を負ぶって下の村に脱け出したところ、道の要所を見張っている山部隊の審問をうけた。

「今日は姑の実家が祭祀なんですが、その姑が病に伏しているうえに、男が一人もいないので、仕方なく私が行くところなんです」

　姑の実家の名前も言い添えた。そのような検問を二度も受けながら南元に下りて行き、父と会った。互いが生きていることを確認できただけでも嬉しいことだった。母はその道を引き返して村に戻り、改めてその道を下る準備を済ませてから、実家まで私たち兄弟を連れ戻しに来たのだった。

　私たちが故郷の村の入り口にあるセギオルムの前にたどり着いた時だった。若者三人が前に立ちはだかった。二人は男で、一人は女だった。そのうちの一人は、衣貴里に住む父の母方の親戚で、母とはよく知った間柄だった。

「こんなに世間が騒がしいのに、どこへ行ってらしたんですか?」

　知り合いの男が尋ねた。彼らは腰に刀をさげていた。

「子どもたちを実家に預けていたんですが、今日は曾祖母の祭祀なので……時局がいくらこんなでも……」

　彼らは母の顔を注意深く見てから、どうぞ行ってください、と言った。

「うちの一家が南元へ疎開することを見抜いていて、監視しているようなんです。どうすればいいかしら?」

母は家にたどり着くと、山部隊に会った話をした。祖父と父は、ここに至っては運を天に任せるしかないと言った。荷車二台に荷物を満杯にして、出発の準備をした。父は私たち兄弟を見ても、何も言わなかった。私は父に会えて、これ以上にないほど嬉しかった。

兄は布団を一組担ぎ、母は弟を負ぶい、祖父と父は荷車を引く牛を追い、叔母と祖母も布団を担いだ。

「ムンジュとムンチャンは?」

父は祖父に二人の弟の安否を尋ねたが、祖父は返事をしなかった。

約束の場所に着いた。下の村に降りて行く道の入口である「オルリス」という川べりに集まり、そこからは警官と民保団員の警護を受けて下って行くことになっていた。

全員が集まると出発した。警護するのは警官六名と民保団員四名の総勢一〇名だった。民保団員が先導し、次いで私たち、最後に警官たちが後ろからついてきた。一行の大部分は、一般人の家族だった。その中には、衣貴里に家族を置いて郡庁に通っている父の友人もいた。衣貴里にいる家族に出発の準備をさせたうえで、自分はそこに留まっておれば危険だからと警官についてここまで来たのである。その人が先頭に立ち、布団を担いだ兄もその後について行った。

一行が坂を下っている時だった。道にバリケードが積まれており、荷車は通れなかった。警官たちが動揺しはじめた。山部隊が予め察知して、道を塞いだのだろう。積まれたバリケードを取り除こうとしている時だった。右側の林から銃撃が始まった。驚いて荷車を放置して、道を外れて川の反対側へと走った。父の手に引かれて、ひたすら走った。父は兄を心配していた。

人気のない道を辿って南元に無事に到着した。しかし、荷車に載せた荷物はすっかり放り出して来た。兄に会うと、死の峠を越えた話をしてくれた。郡庁に勤める人と一緒に「ノプンモル」の丘に着いた時だった。右側の林から銃声が聞こえた。兄は布団を担いだまま道端の溝に転がり落ちたが、すぐ前を進んでいたその人は血を流して倒れた。兄は銃声の合間を縫って、布団を担いだまま必死に走った。後日、あの郡庁勤めの父の友人が亡くなったという知らせを聞いた。

辛うじて南元里に疎開した私たちは、少しは気持ちも落ち着いた。父の友人たちが必要な所帯道具と食糧を揃えてくれた。祖父と祖母、そして叔母と、数日後に降りてきた二番目の叔母の家族は、祖父の友人宅の離れを借りて暮らした。

ところが、小さい祖父のところに行った曽祖父は、一緒に来られなかった。祖父と父はその曽祖父のことを心配していた。

南元の村は静かだった。私たちは新道の道端の家で暮らした。時折、警官たちが新道を通りながら「○○○はいるか?」と声を上げた。すると家の主人である中年男は、戸を開けて外を覗き見ながら、病人であることが歴然とした顔で、「きちんといます」と答えるのだった。

父はその訳を話してくれた。この家の主人は思想問題で折に触れて警察署に出入りを繰り返していたが、最近は病気がひどくなって、家に閉じこもったまま日々を過ごしていた。警官はその家の前を通り過ぎながら、彼の動静を知るために名前を呼ぶのだと言う。父は私たちを疎開させるためにどれだけ苦労したかを、興味深く話してくれた。その一方で一緒に疎開できなかった二人の叔父たちと曽祖父のことを心配していた。

燃える村

みぞれが舞い落ちる初冬の早朝だった。朝食を食べていると、村の北端あたりで銃声が立て続けに鳴ったが、いつものことだからと気にしなかった。ところが、再び銃声がした。外に出ていた父が慌てて入ってきながら、「暴徒の襲撃だ」と声を上げた。私たちは食事を中断して外に出た。村の北側のあちこちで火の手が上がっていた。母は小さな布団で幼い弟を抱いて、出てきた。父は声を上げて兄に言った。

「吉彦とおまえはあっちに逃げろ。海辺に行って隠れているんだ」

父と母は私たちとは反対側に姿を消した。兄は父の指示通りに私の手をつかんで海辺に向かって走った。

海は満潮で、足元まで水が押し寄せた。大岩に隠れて眼前に押し寄せてくる海水を見ながら考えた。

「暴徒がここまで来たら、ぼくらはどうなるのだろう?」

そのくせ、時折は岩の外に出て、村を眺めた。村全体が火の手に包まれていた。黒煙が初冬の風に煽られて空に立ち昇っていた。時折、銃声がした。

海水が引き始めたかと思うと、たちまちのうちにすっかり水が引いてしまった。先ほどまでは隠れていた岩の下に、たくさんの小岩が続く岩場が広がっていた。そこには貝もいるにちがいない。しかし、貝を獲ろうなどという考えなど全く思い浮かばなかった。水が引くと少し心に余裕がうまれた。太陽は既に西に傾いていた。その時、サイレンの音が聞こえた。あちこちでざわめく人々の声が聞こえた。

「良民は手を挙げて出て来なさい！」

その叫び声に、私たち兄弟は両手を挙げて出て行った。武装した兵士たちが、集まってくる人々を整理した。村を覆っていた火の手も消えてしまっていた。

兵士の案内を受けて村に入った。新道の両側の家並はすべて燃えてなくなり、石垣だけが残っていた。面事務所も学校も燃えてなくなっていた。村はまるで幽霊の国のようだった。燃えた所からもくもくと煙が上っていた。道端には亡くなった人たちが並べられていた。幼児も老人もいた。荷物を背負ったまま死んでいる人も見た。

警察署前の、サツマイモを掘りだした後の広い畑に集まった。あちこちで泣き叫ぶ声が聞こえた。父と母や祖父が気がかりだった。兄と私は周囲をじろじろ見まわしながら家族を探していた。

「なんとまあ、おまえたち、生きていたんだね！」

母が私たちを見て駆けつけ、私を抱きかかえた。母は末の弟を負い、妹の手首をしっかりとつかんでいた。

「父さんは？」

母はたちまち目元を赤くしながら、新道の傍にあるトタン屋根の家を指さした。駆けつけてみると狭い部屋の片隅に祖母が横たわり、その横に父と祖父が座っていた。祖母の下半身は血で赤く染まっていた。その横で叔母がすすり泣いていた。暴徒たちが鉄槍でめったやたらに祖母の下半身を突き刺し、大量の血が流れたと言う。

「おまえが生きていてくれて、ありがたい。面目ない」

祖父は祖母に語りかけながら、そうなった経緯を家族に説明した。

近頃、祖母は風邪で床に伏していた。襲撃だとは聞いたが、祖父は逃げる気などなかった。ところが、母屋の友人が逃げろと声を上げたので、祖母を脇に抱えて裏の石垣のほうへ出た。石垣が高いので、先ずは祖父が石垣に上り、祖母の手をつかんで引き上げようとしたところへ、二、三人の青年が追いかけてきて、垣を越えようとしている祖母を鉄槍でめったやたらと突き刺した。祖父は祖母を引き上げて、石垣を越えた。そして血を流している祖母を脇に抱えて走った。ところが、その青年たちが追いかけてきた。祖父は懸命に走ったが、追手との距離はしだいに近くなった。丁度、松の木がすべて切り倒されている松林があった（その当時、村の周囲の松林は作戦上、すべて切り倒されていた）。祖父はその松の枝の下に祖母を押し込んで、思った。

「わしだけでも生き残らないと、後で死体を拾うこともできなくなる」

祖父は血を流している祖母を残して走り去った。それを見て、追いかけていた暴徒たちも引き返した。

討伐隊の増援軍が来て村が落ち着くと、すぐに祖父はその松林に行き、祖母を探した。祖母は血を流しながらも、命を持ちこたえていた。

日が暮れかけていた。

外で人が騒ぐ声がした。殺せ！　八つ裂きにして殺してしまえ！　父が外に出た。私もついて出た。道端で一人の男がガックリと頭を垂れていた。人々が石を投げ、薪でその人を殴りつけ、叩き、叫んでいた。この暴徒めが！　父がその人に近づいて顔を見た。私も見た。うちの村の人だった。息子は私より一歳年上だった。私はあまりにも恐ろしくて家の中に入ってしまい、父も入って来た。誰だ？　はい、あの上の集落の〇〇〇です。父と祖父はため息をついた。胸をなでおろしているような様子だった。

叔母が九死に一生を得た話をした。

祖父母の棟で一緒に暮らしていた末の叔母と二番目の叔母も、暴徒の襲撃という声を聞いて、中庭に出た。向かいの家が燃えていた。オルレから人が入ってくる気配がした。とっさに牛馬小屋に入ったところ、筵があったのでそれを広げてその下に隠れた。だれかが牛馬小屋に入ってきて、その筵をさっと取り払った。二人の叔母と青年の目があった。その瞬間、青年はすぐさまその筵を元通りに二人に被せて、出て行ってしまった。

「ここには誰もおらんから、さあ、行くんだ。持って行けそうなものもない」。その連中は火をつけた藁束を屋根の上に放り投げて、走り去った。二人の叔母は家に火がつけられたことを知って、すぐに裏の石垣に隠れて、生き残った。

「それはだれじゃった?」

祖父が尋ねた。しかし、叔母は祖父の言葉が聞こえないふりをした。

「誰じゃったと訊いているんだ」

祖父が癇癪を起した。

「その男がお母さんをこんな目に遭わせたわけではないはずです。ですから、二度と訊かないでください。私が死んで土の中に埋められるまでは、言えません」

二番目の叔母の表情はいかにも頑なだった。だれもそれ以上、尋ねなかった。

叔母はその後三〇年が過ぎたある日、小説を書くので是非にと頼み込んだ私に、その人の名前を教えてくれた。その人は既に亡くなっていた。うちの村の青年だった。「我が家の四人の家族やあんたたちもいれると六人の命を助けてくれた恩人だけど、あの人に有難うと言えるわけがない。互いに知りながら知らないふりをするほうがよいと考えていたけど、もう話してもいいよね。ねえ、そうだろう」

私は叔母のその言葉を聞きながら、四・三について改めて考えた。生命の恩人に有難うの一言も言えなかったその心のうちを、誰が理解するだろうか?

その日、美しく老いた婦人が祖母の横に来て座り、祖母の手をしっかりと握ってやっていた。祖父と父がその老婦人を不憫そうに見ていた。その人は祖母の実家の親戚で、息子は南元面における南労党の中心人物として有名だった。しかし、実家の甥が警察幹部なのでその実家に頼って暮らしていたところへ、襲撃を受けたのである。

しばらくして、海辺で銃声がけたたましくなった。襲撃後に逃げ遅れて捕まってしまった暴徒を銃殺しているのだと、誰かが言った。

その後は、その美しく上品な老婦人の姿を見かけなくなった。警察に捕まり、銃殺されたと聞いた。

二日後、警察が祖母のことを聞きつけて、小型トラックでやってきた。祖母と祖父とそして私たち兄弟は、その車に乗って西帰浦に向かった。祖母は入院し、私たち兄弟と祖父は、父の従妹（祖父の姉妹の娘）の家の離れに寄宿した。その従妹というのは日本で女学校を卒業してから帰郷し、その頃は西帰浦警察署で女性警官として勤務していた。

西帰浦で過ごした数日間は、田舎の子どもである私にとってすごく印象的な日々だった。私が四歳の時だったか、その病院で尿道結石の手術を受けたことがあった。生まれて初めてバスに乗り、道端の電信柱がすごく速く過ぎていくのが不思議だった。西帰浦では屋根の上に電信柱（電気配線用）があることを興味深く思ったことなどが思い出された。

警察から持ってきてくれたオコゲをおいしく食べたし、西帰浦国民学校の周辺をうろつきまわったりもした。大きくて整然とした構えの校舎が羨ましかった。

ところが、今ではその学校に軍部隊が駐屯していた。校門には銃を捧げた兵士が二人歩哨に立ち、眼を釣り上げて、行き交う人々を注視していた。国民学校前から西帰浦の海を見ると、まるで夢の中のように平穏で美しかった。鳥島、蚊島、虎島が一目に入って来た。水鳥が鳴く声まで聞こえてきそうだった。

時折、校門からトラックが出てきた。両側の座席には銃をさげた兵士がおり、その間には縄で縛られた人々が頭を垂れて座っていた。あれが暴徒だ。今から銃殺されに行くところだと、見物する子どもたちが囁いた。トラックが学校から出てしばらくすると、正房瀑布のほうから銃声が騒がしく聞こえた。

兄と私は数日間の西帰浦生活を終えて南元へ戻った。警察署前の広い空地には、「ハンバ」という仮小屋のような建物が並んで建てられていた。まだ松脂が出る松の生木を切り倒し、それを仮の柱にして茅を編んで覆い、四方にも茅を編んで風よけにするなど、間に合わせの建物だった。その「ハンバ」の一間分を一家族に与えた。私たち一族は、祖父と叔母夫婦、そして二番目の叔母さんたち、それに僕らの家族と、都合三間分に住むことになった。

襲撃に関するいろんな話を聞くことができた。

何ともひどいのは、南元の警察支署周辺の幾つかの家を除いて、約四〇〇戸が燃えてしまい、亡くなった人が六〇余名に及ぶことだった。

そうした死者のことを知らせるように、村のあちこちには子どもの墓のような小さな墓（土饅頭）

が数多くできた。中でもむごいのは、鄭氏の家（私たちは日本の植民地時代にその家の離れで暮らした）の場合である。私より一歳年上の（故）鄭ジャフンの近親（三親等か四親等だろう）の一家全員が、暴徒に拉致されて行方不明になった。そのせいで、中年の主人は気がおかしくなってしまった。また、私たちが暮らしていた家の、毎朝警察官が通り過ぎながら名前を呼んで所在を確認していたあの人も、襲撃の日の夜に、警察に捕まえられて銃殺された。

住民全員が動員されて背負子《しょいこ》で岩を運び、支署を中心にして石城を積み始めた。若者たちは鉄槍を提げて、討伐隊と一緒に共匪（共産主義パルチザン）討伐に参加した。中山間部落から下山してきた住民たちは、討伐隊と一緒に故郷の村まで上って行き、隠しておいた物を持ってきた。私たちも家が燃える前に隠しておいたもののうちで、まだ残っている物を持ってきた。それで一冬をしのがねばならなかった。

父と祖父は討伐隊に参加した。曽祖父と小さいお祖父さんの家族を探し出すためだった。祖父は時折、ため息をついた。

「おまえの母親があんなになったことを知っているのか？　とんでもない親不孝者め！　おまえもきっと襲撃に参加しているはずじゃから、おまえがおまえの母親をあんな目にあわしてしまったんじゃ！」

祖父は時折、溜息をもらすように呟いた（祖父のその心情を、今の誰が理解できるだろうか？　それは息子に対する恨みなどではなく、恋しさに倦み疲れた言葉だったにちがいない）。

父は山から帰順して来た人々にまとわりついて、曽祖父と二人の叔父の消息を尋ねた。ところが聞こえてくる話はまちまちだった。曽祖父も一カ所に長い間留まっているのではなく、渡り歩いているようだった。下の叔父たちに関しては、燃えてしまった我が家の址に来て泣いているという話を聞いたことがある、とのことだった。おそらく、祖母があんなふうになってしまったことを知ってのことだろうと、家族は話した。

毎日毎日、帰順して来る人が多くなった。棒切れと白い布きれで白旗をつくり、それを掲げて重い荷物を背負って下山してきた。子どもたちは学校の運動場で遊んでいる時にそんな人たちを見ると、「アカが来る！」と声を上げて石ころを投げつけたりした。

ハンバでは毎朝、諍いの声で騒がしかった。ハンバの周囲に散らばっている大便のせいだった。公衆便所がある程度は整えられているのだが、あまりにも人が多いので、急を要する場合は海辺に行って適当な場所で処理した。しかし、夜中に外に出るのは怖いので、ハンバ周辺のどこかで済ませた。そうすると、南元里の人々は、「暴徒たちの〇」と決めつけた。その便を見れば分かる。木の実が出てくれば間違いなく暴徒たちのものだ、と言うのだった。南元里の人々は疎開してきた人々をすべて「暴徒」と呼んだ。家と財産がたった一日で燃えてなくなってしまい、家族が死んだり傷ついたりしていたので、そうした八つ当たりをして恨みを晴らしていた。

飲料水も問題だった。国民学校の運動場の横に釣瓶《つるべ》で掬い上げる深い井戸があり、干潮時には海辺の泉からも水を運んできた。ところが、井戸から水を運んでこようとする際に、山間部落から降りて来た奥さんたちは、差別待遇を受けた。

城の石垣が完成すると城への出入りは許可を受けねばならなくなった。私は村を出て、松が切り倒された松林へ行き、薪を集めてきた。一冬を過ごそうとすれば粗末な作りのハンバでは薪が必要だった。

ある午後のことだった。

「みんな警察支署の裏に集まるように」

村の小間使いが豆腐屋の鐘を振りながらハンバ街を廻った。人々を集める必要がある場合にはいつもそうだった。何がおこったんだ？　人々は互いに顔を見合わせながら心配げに言った。

警察支署の後ろの、サツマイモを掘った後には何もない畑に、人がたくさん集まってきた。その畑の周囲には、何の役にも立たない雑草が大きく広がっていた。

「皆さんの中で遺族の方は全員、前に出てください」

支署の主任が集まった人々に向かって声を上げた。警官たちが人々の間を廻りながら、出ていくように促した。祖父は周囲を見回してから、出て行った。祖母が山部隊の槍に突き刺されて亡くなったのだから、遺族であることに間違いはなかった。父はいなかった。

しばらくして一台のトラックが到着した。

「遺族の方はそれぞれ棒を準備してください！」

支署の主任が再び言った。

トラックから先ずは武装した警官たちが降り、続いて縄で縛られた人々が降りた。すでに、あいつを殺せ！　あいつを殺せ！　という声が聞こえてきた。

「静かにしてください」

拳銃を提げて運転席から降りた警官は、少し高い所に上って、興奮した人々を静まらせた。

「ここにいるこの暴徒たちは、悪質な中でも特に悪質な連中です。皆さんが暮らすこの平和な村を火の海にして、私たちの兄弟を殺した悪徳暴徒たちです」

そしてさらにくどくどと話した。

「今回は、暴徒たちによって被害を受けた為美里と南元里の住民の皆さんがご覧になっている前で、この連中を処刑することにします。そうすることによって、遺族の皆さんに恨みを晴らしていただきます」

その言葉が発せられると、遺族たちは石ころを投げ、怒りに震えながら呪詛をぶちまけた。ある人は棒切れを持って行き、既に半死状態の彼らに打ち下ろした。彼らは顔を大地に押し付けたまま、苦痛に耐えかねて手足をしきりにばたばたさせた。その瞬間、あるイメージが思い浮かんだ。蚕たちが蚕棚の上で蠢《うごめ》く姿だった。その時だった。暴徒の一人がどのようにして縄をほどいたのか、逃げ出した。あまりにも突然のことで、警官たちは慌て、めったやたらと銃を乱射した。しかし、その暴徒は上の方に走って行った。いくら銃を打っても当たらなかった。その逃亡者の周囲に銃弾が落ちるのか、ほこりが起こった。その時、上の方から人が数人降りてきた。

「そいつは暴徒だ。捕まえろ！」

こちら側から声があがった。逃げていた青年と降りてくる人々との間でもみあいが始まった。こちら側から警官が駆けつけて、その逃亡暴徒はついに捕まった。

遺族の呪詛と憤怒と憎悪によって、既に死んだも同然の暴徒たちに向かって、警官たちはとどめをさすように、むやみに銃を乱射した。人々が静かになった。怒りをこめて殺してやる、と声を上げていた人々も静かになった。どこからかカラスの群れが押し寄せてきた。

人々は死体をそのままにして、ハンバに戻った。祖父は魂が抜けたような顔をしていた。

数日後に、朝早く祖父は父を伴って警察支署に出向き、親戚の死体を拾ってやりたいと、許可を求めた。支署も許可してくれた。祖父と父は誰も見ていない時に、前日に若者たちが処刑されたところへ行った。数多くの死体が凝固していた。祖父と父は苦労して末の叔父の死体を見つけた。顔の見分けはつかないが、血縁だから探し出せた。祖父と父は涙ながらに、それぞれにとって息子であり弟である死体を、土を掘って埋め、小さな土饅頭の墓を造った。末の叔父が処刑されたその日、母に「南元へ行っても安心することなどできない、もうすぐ新しい世の中が来るから」と語ったあの母方の叔父の方は、為美里で処刑されたという消息が伝わってきた。母は何も言わなかった。ただ、私のことを考えてくれたんだね、と呟いた。南元で処刑されなかったことがせめてもの救いだ、と考えてのことである。

その日から、祖父は口数がめっきり少なくなった。時折、漢拏山の方を見つめながらため息をついた。下山してきたばかりの父の知り合いが、昼に我が家に遊びに来た。その人は数日前に家族を連れて帰順してきて、父が身元保証をしたので釈放された。最近は帰順した人々に大きな問題がなければ、ほとんどが釈放された。衣貴里の下の集落の人なので、そこの住民が保証すべきところなのだが、たまたま支署に用事があって立ち寄った父が、保証人になってあげたのである。

その人は父に感謝の挨拶をしながら、山の中での生活について話した。その話を聞いていた父は、疎開してくる途中で起こったことを話した。

その話を聞いているうちに、その人の顔は青ざめ、父の足をむんずとつかんだ。

「兄さん、許してください。あの時、私も武装隊の中にいました。銃は撃ちませんでしたが、道にバリケードを積んで荷車が越えられないようにしましたし、放置された物品を荷車もろとも持ち去りました」

父はその人をまじまじと見つめた。「盗人は足がしびれる」という諺はあたっているものだと思いながら。

「兄さん、私があの時持ち去った物品のお返しをします。畑がいくつかあるので、そのうちのどれでも言ってください。差し上げます。口先だけの話ではありません」

そして畑の名前をずらりと挙げた。

「どれでも結構です。お望みの畑を言ってくだされば、差し上げます。この場で覚書を書きます」

父はここに至ってやっとその人の気持ちが分かった。

「誤解しないでもらいたい。わしはただ、昔の話をしているだけのことなんだ。あんたから畑を受け取るなんて。わしはそんな考えはつゆほどもない。互いにこのように生き延びて、顔を合わせて過ぎた話を分かち合えるのも、先祖のおかげじゃないか？」

それでもその人は繰り返し父に頼みこみ、最後まで断られ続けた。

そしてようやく「それでは、この恩は生涯忘れません」と話にけりをつけた。

その当時は、言葉一つで命があっちへ行ったりこっちへ来たりした時代だった。後日、父はあの時にあの人の頼みを受け入れなかったことは、我ながらでかしたことだったと話していた。

冬になると、祖父は曽祖父のことがますます心配になった。そして未だに消息がないもう一人の叔父のことも心配だった。

ある日、帰順した人を通して曽祖父の消息が分かった。その翌日、父と祖父は討伐隊に加わって故郷の村に向かった。曽祖父は村の外郭にある小さな洞窟に一人でいた。どのようにして毎日の食事をしているのか知る術はなかった。小さな祖父の家族が、討伐隊の眼を盗んで食べ物を準備してあげているのだろう。しかし、あまりにも討伐が激しくなって、それも容易ではなくなったようだった。ともかく曽祖父を連れ帰ることができて祖父と父は安心した。

兄は叔父が暮らしている楸子島へ行き、祖父はハンバ生活が辛いので、隣村の泰興里に家を借りて引っ越した。私と妹、そして末の弟と曽祖父は母が面倒をみた。

春になって学校が再開した。学校もすべて燃えてしまったので、風を防げるところを探して勉強した。朝会のたびに校長先生は、他の学校から送られてきた慰問の手紙を読んで涙を流した。校長先生は日帝時代から南元国民学校にいらした方である。事態が困難になると、卒業台帳、学籍簿、賞状台帳など重要文書を安全な所に隠しておいたので、幸いなことに保存できた。それは私が五年になった年のある夜に、学校で勉強していた時に知ったことである。ある日、校長先生は朝会で、何故、山部隊の人々が学校まで燃やしたのか理解できないと言った。学校に火をつけた時、卒業生もその中にいただろうと考えると、胸が張り裂けそうだと話された。

その頃に南元の学校を再建するという話が飛び交った。衣貴里では討伐隊が住民の家屋はすべて燃やしたが、学校だけはそのままにしていた。だからそこに軍部隊が駐屯していたのだが、少し前に武装隊が夜中に奇襲してきて、大戦闘が繰り広げられた。そしてその後は軍部隊が泰興里に移動し、学校の建物はそのままに残っていた。その学校を解体して、その材木で南元に初等学校を建てることにした。衣貴里の人々は反対したが、そのままにしておいても、いつまでその学校の建物が安全なのか誰にも分からない状況なので、妥協が成立した。

先でも触れた衣貴里での戦闘については、なんとも運の悪い人たちがいた。ある日、衣貴里の軍部隊と武装隊の間で大きな戦闘が起こった。明け方に武装隊が軍部隊を襲撃して、学校の屋根に設置していた機関銃で武装隊は撃退されたが、軍部隊のほうでも幾人か戦死した。

ところが、問題はそれで終わらなかった。その日までに帰順していた山部隊の人々は部隊で審査して釈放しており、その日も釈放された人々がいた。そしてそのうちの幾人かは海辺の村に下りて行ったが、下りて行っても頼れるところがない人は、翌日か翌々日にでも下りて行けばいいと、その夜はそこに泊まった。ところがその夜に戦いが起こり、その翌日に部隊長は、残っている帰順者をすべて処刑するように命令をくだしたのである。その人たちはたった一日、のんびり寛ぐことを選んだせいで、ひどい災難に見舞われたのである。

村の再建

六・二五戦争が起こった年、つまり一九五〇年に衣貴里の村が再建された。学校址を中心に石城を積み、そこに海辺村で暮らしていた人々を移住させた。水望里や漢南里の人々も再建されたこの村に押し寄せた。海辺の村でないがしろにされながら暮らすよりは、故郷に近いこの村のほうがましだったのである。そこでは城門が南北二カ所あって、許可を得ないと出入りできなくなっていた。昼夜を問わず、城垣の随所に造られた歩哨詰所で、男女の住民たちが交替で守った。警官出張所を置き、村を山部隊の攻撃から保護した。

祖父と二番目の叔母の家族は衣貴里に引っ越した。故郷の畑で農作業をするには、南元里よりも近くて便利だったからだ。山部隊によって重傷を負った祖母は長くそのために苦しみ、衣貴里が再建されたその年の夏についに亡くなった。

山に残った叔父の消息は相変わらずなかった。

一年後に水望里の村も再建された。しかし、我が家は南元に残って暮らした。父が相変わらず面事務所で働いていたからである。

初等学校六年になった頃に、水望里の故郷の村に戻った。家が全焼して南元に疎開して以来、三年ぶりのことだった。村の人々は城を積んでその中に暮らし、夜になると城門外への出入りは自由でなかった。夜も昼も歩哨が立ち、村から遠く離れた所へ行くには許可を得なければならなかった。

元来、私たちの村は一一〇戸ほどだったが、再建された村に戻った戸数は六〇戸にもならなかった。あの事態で家族がすべて亡くなるか、残ったのは幼い子どもだけで家族を形成できない家もあった。

村の人々は大部分が、二、三年前には「山の人、山部隊」だった。しかし、今では誰もが水望里の人になった。彼らは山で暮らしていた頃のことを躊躇《ためら》うことなく話した。集まればその頃の話をした。誰が山の人で、誰が討伐隊側だったかなどとは言わなかった。生きるか死ぬかが一瞬にかかっていた話だけはたっぷりとした。誰もがその話を真剣に語り、そして耳を傾けた。面白いからではなく、他人の話だったものが、聞くことで自分の話になったからである。

末の叔母はあの時局のせいで婚期を逸していたが、その間に隠れ続けたあげくに帰順して、運よく裁判を受けて幾つかの刑務所で受刑生活をしてから満期出所した人と結婚した。その人の家の前には樹齢数百年になる榎の木があって、その木に登って隠れ暮らしたあげくに帰順した。隠れ住んでいた頃や受刑生活についても、実に面白く話してくれた。自慢できる話ではないが、恥ずかしいことでもないと考えていたのだろう。叔母との間に息子を五人、娘を一人もうけた。村の人々はその人の話を聞くたびに、なんとも運が良かったものだ、と言った。

私は中学二年から夏休みになると故郷の家に戻って、母と粟畑の草取りをした。五、六人が相互扶助で草取りをする時には、畝に座って草取りを始めながら母は話し始める。母の話が終わると、他の女の人が話を引き継いだ。大部分はあの時局の暮らしの話だった。母は「恨」の多い人だった。一人息子だった弟（私からすれば母方の叔父）があんなことになってしまった。姑もあんなことになってしまった。夫の弟二人も失った。宗孫の嫁として家の諸事の責任を担って毎日を暮らしながら、何度も死にそうな危機を乗り越えてきた。誰かを憎んだり、好んだりする暇もなく暮らした。

その頃になると、漢拏山には共匪（パルチザン）がいくらも残っていなかった。それでも漢拏山は安全ではなかった。私たちの村の上側の橋来里に行く道の入口にある赤オルムの下には、討伐隊が駐屯し、ミンオルム頂上にも討伐隊駐屯所ができた。共匪が出没すれば直ちに出動できるように、漢拏山をぐるりと囲むようにして討伐隊が駐屯した。もういくらも残っていない共匪を「兎追い式」に討伐したわけである。

その間、農作業ができなかった畑には雑草が生い茂っていた。村の人々はその草を抜き、久しぶりに畑を耕すなどの農作業をした。燃えてしまった家跡を整理した。家跡に残っていた家の石垣をつぶして、その岩を一カ所に集めた。その仕事をしながら祖父は胸が痛かった。末の叔父の消息は、相変わらず漠然としていた。亡くなったという消息もなかった。

城は立派に積まれた。約五〜六メートル間隔で二重に石垣を積み、その間には村の川辺ならどこにでもよく広がっていたカラタチの木を切ってきて積んだ。その茨の多いカラタチの木を踏んでまで城内に入って来られないようにするためだった。

まだ畑作がまともにできないので、生活は困難だった。昔の家跡に茂った木々を抜き、炭にして売った。村の牧場は楢林なのだが、その木で炭を作って釜を炊いた。村で生産した炭は済州邑でも歓迎された。避難民たちが殺到し、炭の消費量が多くなった。

私は水望里に引っ越してきてからも一年間は南元国民学校に通って卒業すると、父に無理を言って邑内の中学校に進学した。済州邑は六・二五戦争による避難民でごったがえし、四・三事件のことなどほとんど忘れ去っていった。

ある日、最後まで残っていた共匪の呉元権が捕まったというニュースを聞いた。しかし、なんの感慨もなかった。一九五四年冬に漢拏山が解放されて、実質的に四・三事件が終わった。

一九五四年冬

その年の冬は雪がたくさん降った。冬休みも遅くなった。一二月二〇日を過ぎて冬休みになった。兄とその友人たちは四・三事件が終わり漢拏山が開放されたので、山を横断して故郷へ帰ってみることにした。新道ができるまでは、漢拏山の南側に暮らす人々はその山道を利用して馬や徒歩で城内（済州市）へ往来していた。一日半ほどかかるとのことだった。

私と兄、そして兄の友人三人（高校二〜三年生）は早朝に済州市を出発した。朝食もまともに食べられなかった。自炊している身なので、休みが近づくと食料もお金もほとんど尽きてしまう。私たちが間借りしていた家のお婆さんが、明け方に出発する私たち兄弟のことを思って、お腹がすけば食べるようにと豆を炒ってくれた。

奉蓋村を過ぎて明道岩という集落に着くと、道端に雪が少し残っていたが、私たちは気にしなかった。漢拏山が開放されて最初に山を横断していくのは自分たちだと思うと、少し胸がワクワクした。

橋来里平原への入口であるタネオルムの山裾には、雪がたくさん積もっていた。四・三事件で漢拏山への入山が禁止されていた間は人々の出入りがなかったが、昔の路はなくなっていなかった。橋来里平原にたどり着くと、すっかり雪原になっていて、道を探すのが難しかった。雪が脛まで積もっていて冷たかった。足がくたびれた。少し休んでいこうと言うと、兄が目を怒らせて、先を進むように促した。こんな時に座って居眠りでもすれば、それで終わりだと兄は言った。

下宿先のお婆さんがくれた炒り豆を分けて、食べながら歩いた。道は探し出せなくても、橋来里一帯と南済州郡との境界になっているチョウセンマツの群落があり、そこを越えると討伐隊駐屯所がある赤オルムである。もっぱらそのオルムを見つめながら歩いた。路は他にはなかった。幸い、雪はもう降らなかった。それでも脛まで積もった雪道を歩くのはひどく辛かった。

一行は陽が沈む頃になって、チョウセンマツの群落を越えて赤オルムの裾にたどり着いた。雪はほとんど積もっていなかった。足には力がなく、腹が減った。しかし、自分の故郷周辺にたどり着いたという安堵感で、力が湧きあがった。

「あれが赤オルム駐屯所だった所だ」

兄の友人が言った。

「ここからもっと山中に入って行けば洞窟がたくさんある。そこに隠れたら、誰が来ても見つけられない。食料さえ十分だったら、共匪たちも長期にわたって戦えただろう」

山で暮らしたことのある兄のもう一人の友人が言った。

少し降りていくと、ミンオルム駐屯所の城垣が雪を被っているのが見えた。

「駐屯所で勤務していた討伐隊たちも死ぬほどの苦労をしたんだ。どれほど寒いことか？　討伐隊員の中にも重い病気にかかった人がたくさんいる」

既に昔話になった四・三事件のことを語りあった。兄の友人三人は山での生活を経験したが、幸いにも生き延びた。話を始めると、あの頃の山での生活がまるで面白いものであったかのように、話が長く続いた。村が近づくと不思議なことに、空腹なはずなのに空腹感もなく、疲れ切っていた足にも力が出てきた。

「実に意義深い行事になった。漢拏山開放記念として山を横断して故郷に戻ってきたんだから」

兄の言葉に誰もが黙っていた。あの事態を生き延びたことは本当に奇跡だった。

四・三事件の終焉を記念して、漢拏山の東側山腹の橋来里平原の横断が無事に終わった。この広い平原でどれほど多くの人々が血を流しながら死んでいったことだろうか？　どれほど多くの人々が空腹とボロ着生活と恐怖に脅かされ、憎悪を噛みしめながら歳月を過ごしたことだろうか？　私たちが歩いてきたあの死の雪道を、どれほど多くの済州の人々が踏みながらこの世を恨んだことか？　しかし、その日、私たちは過ぎた日々のことを楽しく話し合った。

この文章を終えようとする段になって、中学三年生の冬休み、なんの装備もなしにあの広い平原の雪道に挑戦した時のことが、いきなり蘇ってきた。私にとって四・三はそのようにして終わった。はてしなく広がる雪原を見ながら、それが済州の人々の白い魂だと思った。ところが、四・三はその日で終わったわけではなかった。私に対して浴びせられた揶揄と非難の文章を読んでいるうちに、読むのを中断して、「あなたたちは四・三を知っているのか?」と問い返して見たくなった。

何故、四・三は日が経つにつれて、その事件と関係がない人々によって、憤怒と対立と葛藤へと追いやられるのだろうか? 彼らが言うように、私のように四・三を誹謗・中傷する人たちのせいなのだろうか? 誰が本当に四・三を誹謗・中傷しているのだろうか? 亡くなった人々に尋ねてみるほかない。そのように考えるうちに、その答えは真実に基づいてのみ可能だということが分かるようになった。そしてその真実を、あの時局を生きてきた人々は共有することができていたのである。

昨年、兄は済州島のあちこちに散らばっていた先祖の墓を、昔の家があった所に移葬した。そこにいまだに生死が分からないムンジュ叔父の仮墓と、南元で処刑されたムンチャン叔父の墓も並べて祀った。その二人の墓(土饅頭)を眺めることができるように祖父母の墓が位置している。ムンチャン叔父が遺族たちの呪詛に息を潜めながら、その遺族たちの間に紛れ込んで狼狽《うろた》えていた祖父の顔を見たのかどうかに思いを巡らすと、怯えに襲われる。祖父もそんな想像をして、どれほど辛い思いをしただろうか？　祖母は夢の中で、自分の下半身を刺したあの青年たちの中に、ひょっとしてムンジュ叔父の顔を見はしなかったのだろうか？

警察での職を全うした三番目の叔父は、二人の弟を思い出すたびに声を忍ばせて泣いた。ある日の夢で、二人の弟が家のオルレのチョンナン（済州独特の住居様式で門代わりをする）の外側に立っていて、三番目の叔父が「何故そこに立っているんだ、早くオルレの中に入ってこい」と手招きしても、二人の弟はじっと兄を見つめるばかりで、やがて背を向けてしまった、と夢の話を私にしたことがある。そんな夢を見るほどに弟たちの死にこだわっていた三番目の叔父の胸中は、黒く焼け焦げていただろう。どのようにすれば四・三事件によって犠牲になった英霊たちを慰労することができるのかを考えれば考えるほどに、そして文字を連ねれば連ねるほどに、答えはむしろ果てしなく遠ざかっていくばかりである。

済州四・三事件日誌

玄吉彦／作成

参考事項

（1）この日誌作成のために次の資料を参考にした。

・済州四・三事件真相究明及び名誉回復委員会『済州四・三事件真相報告書』二〇〇三年一二月
・済州道警察局『済州警察史』一九九〇年一〇月
・南労党済州道党軍事部『済州道人民遊撃隊闘争報告書』（文昌松編『漢拏山は知っている─埋もれてしまった四・三の真相』一九五八年八月）
・済州自由守護協議会『済州道の四月三日は？』第二集（二〇一一年）、第三集（二〇一一年）、第四集（二〇一二年）
・我羅里研究会『済州民衆抗争1』ソナム、一九八八年
・羅鍾三『済州四・三事件の真相』アソンサ、二〇一三年

右記の著作の中でも特に『済州四・三事件真相報告書』を中心にし、遺漏が認められる部分については他の資料で補完した。

（2）従来、入山武装勢力は、政府側の観点からは「武装暴徒」か「暴徒」、反乱勢力である南労党

の立場からは「遊撃隊」とされてきた。しかしここでは、南労党反乱勢力の鎮圧を任された軍警部隊には「討伐隊」か「鎮圧軍」、南労党軍事部所属入山勢力には「武装隊」という語を用いた。済州道四・三事態の実相を客観的な立場から理解するのに役立てたいと思ってのことである。

※『真相報告書』との相異を可能な限り明らかにするために、『真相報告書』には記載されておらず玄吉彦が付加した部分はゴシックの太字にした。他方、『真相報告書』には記載があるのに、玄吉彦が削除した部分については、特に明記していない。その意味ではアンバランスなのだが、それについては日誌の後に付す訳者コメントによってバランスを失しないように努める。ともかく、このように日誌を対照することで『真相報告書』と玄吉彦の主張の差異がより明瞭になるだろう。

（訳者）

◎一九三七年

日本は中日戦争時に、済州の慕瑟浦に飛行場をつくって大村海軍航空隊を設置し、中国大陸への爆撃基地とした。

◎一九四五年

四月：日本軍は済州島に第五八司令部を設置し、その隷下に第九六師団、第一一一師団、第一二一師団の三個師団と一個旅団（独立混成第一〇八旅団）及び野砲兵連隊、工兵連隊、輜重兵などを配置した。

五月：済州島住民中の幼児、老病人、婦女など五万名を本土に移住させる計画を立てたが、実施過程で米軍の空襲によって犠牲者が発生したので、その計画は中断された。日本軍は、米軍が済州へ上陸するような状況になれば、島民も共に戦わせるような計画も立てており、島民を軍事施設建設作業にも動員した。

七月：沖縄陥落（六月二五日）直後の七月一三日に、日本軍参謀総長は済州島作戦に関する特別指示を第一七方面軍司令官に示達。しかし、第五八軍の戦略増強計画については、終戦が予定より早まったので実行されなかった。八月一五日当時、第五八軍司令部隷下の兵力は六万余名だった。

八月：解放後には、それまで日帝に協力していた下級官吏、面長、区長たちが村の青年たちによってその過去を論難される事件が随所で発生した。

九月一〇日：各邑・面代表の一〇〇余名が済州農業学校講堂に集まり、済州島建国準備委員会（建準）を結成。積極的な親日人士だった者は別として、各地域の有力者たちが幅広く参与した。中には進歩主義的な人士も、或いは、日帝期に面長をしていた人たちもいた。建準はその傘下として、各邑・面に人民委員会を置き、その委員長を各地域の指導者級の人士が引き受けた。人民委員会は地域の懸案、主に民生問題や治安活動に関して指導力を発揮した。

九月二八日：米軍第一八四歩兵連隊グリーン大佐と三八名の将校と士兵で構成された接収チームが済州邑西飛行場に着陸し、日本軍第五八軍司令官富山将軍による降伏手続きを終えた。

一〇月：日本軍と済州に居住していた日本人たちの送還が一一月まで実施された。その期間中にも日本人の島民に対する横暴な行為が数多く発生した。日本軍は備蓄していた軍糧米を焼却するほどだった。外地にいた済州島民の帰還が始まった。その中には中等教育を受けた人々も多く、約六万余名もの人口が一気に増加した。

一一月九日：米軍政中隊兵力が済州に上陸、指揮官であるスタウト少佐（Thurman A. Stout）の職責は済州道軍政長官で、それ以前に日本人が担当していた行政責任者である島司も兼ねた。

◎一九四六年

一月初旬：済州邑で建準と人民委員会が主導する大規模な信託統治反対決起大会が開かれた。この大会を契機に各邑・面単位で反託大会が開かれることになる。

八月一日：済州島は行政区域改変によって全羅南道から分離され、道に昇格。済州道における米軍政長官スタウトが米国側の道知事に、朴景勳が韓国側の道知事に任命されるといったように、道知事二名制となった。左派陣営では、道昇格は米軍政の政治的思惑によるものだと批判。
九月一一日：警察組織の拡大・改編によって済州監察所が済州監察庁に昇格したが、解放初期の警察の人材は日帝時代に警察官だった者が多かった。
一〇月：済州の左派は大邱の同盟ストに参加しなかった。秋の穀物の収穫が凶作で食糧難が深刻化する。
一一月二日：立法議員選挙に全国の左派勢力は参加しなかったが、済州では選出された三名中の二名が左派傾向の人士だった。彼らはソウルへ上ったが、一二月の開院式には出席せず、参加拒否声明を発表した。
一一月一六日：済州道慕瑟浦に朝鮮警備隊第九連隊が創設され、初代連隊長には張昌国副尉が任命された。この連隊は日帝時代の大村兵営を使用した。翌年の三月から済州地域出身者を対象に募兵を開始し、一九四八年の四・三事件直前には兵の数が八〇〇余名に達した。応募者の中には南労党員もいた。
一一月二三日：南朝鮮労働党（南労党）結成。
一二月：韓国の中央政府は南労党を不法政党とし、検挙令を下した。南労党全羅南道党済州道委員会（以下では、南労党済州と略記）を結成し、大衆政党を標榜して党員倍加運動を展開し、済州邑の中心街に南労党の看板が掲げられた。

◎**一九四七年**

一月一二日：朝鮮民主青年同盟（民青）済州道委員会が創設され、その後、各邑・面・里単位にまで組織を拡大する。

一月一五日：済州道婦女同盟が結成され、各邑・面・里まで組織する。南労党済州は中断された米ソ共同委員会再開を求める行事を、中央の指示によって三・一記念大会の際に行う手はずを整える。

二月一六日：南労党済州は三・一運動記念闘争方針を各邑・面と職場細胞に示達。

二月二三日：朝日倶楽部に五〇〇余名が参席し、済州左派組織を一元化した済州道民青を結成。結成式では名誉議長としてスターリン、朴憲永、金日成、許憲、金元鳳、劉英俊が推戴され、朴景勲知事が参席し祝辞を述べた。米軍政警察顧問官と済州監察庁長も参席した。上部からの指示によって、その場で「モスクワ三相会議」支持の立場を表明。

三月一日：南労党が三・一記念集会の準備を主導。南労党員数は三〇〇〇名に達していた。三・一記念行事に際しては、左派組織を活用して道民を動員し、左翼勢力の力量を誇示する政治行事となるように準備した。済州民戦主催で第二八周年三・一節記念式を開催後、応援警察の発砲で観徳亭と道立病院前で、住民六名が死亡し八名が重軽傷を負う。

三月五日：「済州道三・一事件対策、南労党済州闘争委員会」結成。

三月七日：南労党済州は各邑・面委員会に「三・一事件対策闘争に関して」という指令書を下達し、本格的な政治闘争を始める。
三月八日：三・一事件調査のために米軍政庁、駐朝鮮米陸軍司令部合同調査団（団長：カステール大佐）来道。
三月一〇日：済州道庁を始め、三・一事件に抗議する官民ゼネラルストライキ（以下、ゼネスト、もしくはスト）に突入。一三日まで済州道の全職場の九五％にあたる一六六機関、団体が参加。
三月一二日：警務部の崔慶進次長が済州ゼネスト事態に言及し、「元来、済州道は住民の九〇％が左翼色を帯びていた」と発言。**済州道庁でも対策委員会を構成する。**
三月一四日：趙炳玉警務部長が済州道ゼネスト真相調査のために来道し、布告文を発表。牛島の民愛青員たちが牛島警察官派遣所を襲撃、看板を破壊し焼却する事件が起こる。朴景勲済州道知事がスタウト済州道軍政長官に辞表提出。
三月一五日：全南警察一二二名、全北警察一〇〇名など陸地部から応援警察二二二名が済州道に到着。趙炳玉警務部長がゼネスト主導者の検挙を命令する。
三月中旬：米軍ＣＩＣ済州事務所を設置。
三月一六日：済州警察監察庁内に本土出身の警官を中心に特別捜査課（課長・李澔）を設置。ストに参加した職場の幹部級を連行し調査を開始。
三月一七日：**中文支署警察官三名が三・一事件抗議の辞表を提出。金ギョンソル警尉がストに加担。**

住民たちが、拘束された地域の有力者の釈放を要求しデモを始めると、応援警察隊が発砲して住民八名が負傷。

三月一八日：京畿警察九九名が済州道に派遣され、応援警察は総四二一名に増加。姜仁秀済州警察監察庁長は「三・一事件で検束されたのは二〇〇名」と発表。

三月二〇日：趙炳玉警務部長が三・一事件真相調査談話において、「第一区警察署で発砲した行為は正当防衛であり、道立病院前の発砲行為は思慮に欠けた行為と認める」と発表。米軍政情報チームが「済州のゼネストには左翼、右翼共に参加しており、済州道民の七〇％が左翼団体の同調者」と報告。

三月二二日：南労党が全国的に二四時間にわたる「三・二二ゼネスト」を展開する。

三月二四日：汚職事件に関わった申宇均前済州監察庁長に対して、警務部諮問委員会が罷免を決定。

三月二六日：教員たちの相次ぐ検挙に対して、済州北校の父兄たちが拘束された教員の釈放を要求。

済州道ゼネスト対策委は、民戦のスト関連で検挙された組織指導者の釈放を要求。

三月二八日：警務部が「ゼネスト扇動者、全国で二一七六名検挙、済州は二三〇名」と発表。

三月三一日：済州道産業局長任瑄鎬など、済州道庁幹部一〇名が検挙される。

四月一日：趙炳玉警務部長がストに加担した済州警察官六六名を懲戒罷免したと発表。

四月二日：済州道軍政長官にバロス中佐が赴任する。

四月一〇日：済州道知事に全北出身の柳海辰が発令される。済州警察監察庁は、スト関連の検束者が五〇〇名に達し、そのうち二六〇名を軍政裁判に回付したと発表。
四月二八日：応援警察隊の交替兵力として鉄道警察二四五名を済州警察に配属。済州警察は定員五〇〇名に増員。第九連隊長張昌国少佐名義で済州新報に、「国防警備隊は左でもなく右でもない」ことを標榜する「国防警備隊募兵」広告掲載。
五月六日：済州検察庁が「警察監察庁から送致された三・一事件被告は三二八名」と発表。
五月七日：応援警察隊四〇〇余名が済州から撤収。
五月二一日：米ソ共同委員会再開。第九連隊長張昌国の後任として李致業少佐が就任。
五月二三日：三・一事件関連で裁判に回付された三二八名に対する公判が完結。体刑五二名、執行猶予五二名、罰金刑五六名、残りの一六八名は起訴猶予或いは不起訴処分。
五月二四日：姜東孝第一区警察署長、収賄事件で解任。
五月二六日：被疑者拷問事件で翰林支署長と次席の警察官二名が拘束される。
六月一日：ビラ撒布嫌疑で済州邑内の中学生二〇名が検束される。
六月二日：済州女中三年生がファシズム教育反対などを掲げて同盟休学。
六月六日：旧左面終達里で民青の集会を取り締まっていた警察官三名が、村の青年たちから集団暴行を受けた俗称「六・六事件」が発生。
六月一八日：ビラを貼った嫌疑で起訴された教員養成所や朝天中学院の学生一〇名に対して、体刑などが言い渡される。

六月二〇日：複数の村の青年たちがビラ撒布嫌疑で裁判に回付。
六月二二日：済州新報は「三・一事件犠牲者遺族への弔慰金」が三二万七一一八ウォンに及ぶと報道。
七月：済州道民戦（議長：玄景昊）が済州道に団体登録し、再発足した。
七月三日：ビラ事件で執行猶予判決を受けた学生が退学処分を受けると、済州農業学校三年の学生たちがそれに反発して籠城。
七月一四日：金栄培済州警察監察庁長が庁長会議に出席後、「済州道民の左右が手を握りあえるように合作運動に努力する」と心境を披歴。
七月一八日：前済州道知事朴景勲が済州道民戦議長に推戴される。
七月一九日：勤労人民党党首の呂運亨が暗殺される。
七月二八日：済州道軍政長官バロス中佐、「左翼、右翼の政党はもちろんのこと、その関係者が官公署の職員に就くことが可能である。それが民主主義の原則」と表明。
七月末：翰林面明月里で夏穀収集を拒否する農民たちと右翼青年団体員との衝突。
八月七日：済州から「米軍を追い出そう」という反米ビラが出回り始める。済州ＣＩＣ、「極右派済州道知事は左翼分子たちには人気がない。彼の暗殺を要求するビラがまかれた」と報告。
八月八日：安徳面東広里に麦の買い上げの督励に訪れた官吏たちが、村の青年たちから集団暴行を受ける。
八月一二日：米軍政は「八・一五暴動陰謀事件」に関連した左派勢力に対する大規模な検挙作戦を開

始する。全国の検束者数は一万三七六九名に及ぶ。
八月一三日：朝天面北村里で警察がビラを貼っている少年を追撃する過程で発砲し、住民三名が銃傷を受ける。
八月一四日：済州警察が「八・一五暴動陰謀」に関連して、済州民戦議長朴景勳前済州道知事をはじめとする民戦幹部など二〇名を逮捕。
八月一七日：「八・一五暴動陰謀」に関連して検束された済州民戦議長朴景勳が釈放。
八月一九日：済州道全域に穀物収集反対ビラが撒布される。
八月二八日：柳海辰道知事が思想問題を理由に、李琯石学務課長など課長級四名を勧告辞職させたのを皮切りに、人事整備に着手。
九月七日：済州道食糧事務所長朴台勳が、自宅で正体不明の青年たちからテロを受ける。西青の所業と明らかになる。
九月八日：前済州道民戦議長玄景昊済州中校長の家を、監察庁職員を詐称する青年が襲撃。済州ＣＩＣの調査結果、西青の所業と明らかになる。
九月一七日：第二次米ソ共同委員会決裂。米国は朝鮮半島問題を国連に上程。
九月二一日：二二個の右翼青年団体が統合し大同青年団発足。
九月二七日：済州警察監察庁捜査課によって、不穏書類の発覚を契機に生活必需品営団職員と済州農業学校と済州中学校の教師など三六名が検束される。

一〇月六日：済州地方法院は三・一節集会を主導した前済州道民戦議長安世勲に執行猶予を宣告。
一〇月七日：旧左面杏源里で大同青年団（大青）団員と地域青年が衝突。団員五名と地域青年一一名が逮捕。
一〇月一八日：警察後援会（会長：洪淳容）結成。
一〇月一九日：済州ＣＩＣは「団員拡張運動をしていた大同青年団員たちが済州の東端の村でテロ行為。ＣＩＣで調査中」と報告。
一一月二日：西北青年会済州道本部（委員長：張東春）発足。
一一月三日：ディーン少将が第三代駐韓米軍軍政長官に就任。金栄培済州警察監察庁長、私設団体の不法な寄付強要行為の禁止警告文を発表。
一一月五日：通行禁止時間が午後一〇時から午前五時までに変更。
一一月一二日：米軍政庁特別監察官ネルソン中佐が済州道知事柳海辰に関する特別監察に着手。この調査は一九四八年二月二八日まで実施。
一一月一四日：国連総会において、朝鮮半島で「人口比例による総選挙」を実施する米国案通過。
一一月一八日：済州ＣＩＣは、「西北青年会の指導者が済州道での資金獲得のために行っている広範囲のテロ行為に関して警告を受け、謝罪した」と報告。
一一月二一日：済州軍政庁法務官スチーブンソンと済州ＣＩＣ代表メリットは「柳海辰知事は右翼の集会以外のいかなる集会も許可していない」という意見書を特別監察班に提出。

一一月二六日：西北青年会済州道団長が「済州道は朝鮮の小さなモスクワ」と語ったと済州CICが上部に報告。
一二月三日：バロス中佐の後任でマンスフィールド中佐が済州道軍政長官に赴任。
一二月七日：済州CICが「警察当局が済州道警察に対して、何らかの措置をとらなければ、流血の事態が起こりうる」と上部に報告した。
一二月二六日：済州道秋穀物収買実績一一％で、全国（八四・五％）において最も不振。

◎一九四八年

一月八日：国連韓国臨時委員団ソウル到着。
一月中旬、南労党済州の組織部連絡責が警察に検挙され、その転向によって南労党済州の組織体系が露呈する。
一月二二日：済州CICは「済州警察が新村里で開かれた南労党朝天支部の不法会議を急襲し、一〇六名を検挙し、暴動指令文件などを押収した」と報告。**それらの文件では総選挙反対闘争と人民共和国樹立を支持している、とされている。**
一月二六日：一月二二日に逮捕された一〇六名の他に追加として一一五名が逮捕。済州CICは「連行者二二一名のうちの六三名を放免したが、彼らは南労党員だった」と報告。
一月三〇日：金栄培済州警察監察庁長が「一・二二検挙事件」に関連して、「警察は南労党に加入した者を弾圧しているのではなく、彼らの非合法な行動に鉄槌を下している」と発表。
二月一日：第九連隊長李致業中佐の後任として、副連隊長の金益烈少佐が任命される。
二月七日：全国に非常警戒令が下される。左派勢力は南韓単独選挙に反対し、全国的なゼネスト、いわゆる「二・七闘争」を展開する。
二月八日：朝天面咸徳里で青年たちが、道路を遮断している石垣を取り除こうとしていた道庁の自動車運転手と衝突。緊急出動した警察が青年一二名を逮捕。
二月九日：安徳面沙渓里の青年たちが警察官二名を集団殴打。楮旨支署が青年たちによって襲撃される。その他でも随所で住民と警察の衝突が起こる。
二月一〇日：高山支署の警官が示威群衆に発砲して住民一名が重傷。
二月一一日：済州警察が、「二・七事件」の余波によって済州で放火一件、テロ九件、示威一九件が発生し、三日間に二九〇名が逮捕されたと発表。
二月一三日：翰林で警察官と左翼武装隊が衝突。
二月二五日：南労党済州が闘争委員会体制に改編され、軍事部を新設してその部長に金達三がなり、各地域別に漢拏山腹のオルムに拠点を置いた自衛隊を組織、訓練を強化。
二月二六日：国連臨時総会で「国連韓国委員団が関与できる地域で単独選挙を実施する」という米国案が採択される。
二月末：南労党済州の役員たちによる「新村会議」で討論の末に、一二対七で武装闘争方針を決定。

三月六日：朝天支署で取り調べを受けていた朝天中学院学生金用哲が拷問致死する。

三月一〇日：朝天中学院学生たちと住民たちが支署に押しかけ、拷問致死事件に抗議の示威。城山面管内の青年六六名が南労党を脱退し、大同青年団に加入する声明を発表。以後、南労党からの脱退声明が相次ぐ。

三月一一日：米軍政庁特別監察官ネルソン中佐は、済州道知事柳海辰に対する特別監察報告書で、柳知事解任と済州道警察行政に対する調査、過密留置場調査などをディーン長官に建議。

三月一四日：慕瑟浦支署で大静面永楽里の青年、梁銀河が拷問致死。

三月一五日：南労党全南オルグが参席するなかで、南労党済州は組織の守護と防衛の手段として、また単選単政反対の「救国闘争」として武装闘争の決行を最終決定。**それに先立つ党済州の決定（新村会議）を党中央が追認した。**

三月二〇日：涯月面セビョルオルムで訓練中だった左翼武装隊員たちと涯月支署の警察と西青、そして大青の団員たちの間で、衝突が起こる。

三月二八日：南労党済州委で四月三日に武装闘争の開始を決定。闘争力量を強化するために解放地区（中山間部落）計画に基づいて外郭団体を総動員し、武器、食料確保と軍事訓練を強化し、女性同盟員の婦女、児童団員（少年、少女）に通信、連絡、応急措置に関する教育を行う。済州住民の総動員を計画。

三月二九日：翰林面金陵里で米軍政を批判していた朴行九が警察と西青に捕まり、処刑される。

三月三〇日：全国で五・一〇総選挙の選挙人登録業務を開始。
四月一日：国会選挙委員会が各道別の国会議員数を発表。総数二〇〇名のうち済州道には三名が割り当てられる。
四月三日：左翼武装隊が、夜中の二時を期して道内一二個の支署を襲撃して警察官と右翼団体の要人をテロ。警察四名、民間人八名、武装隊二名が死亡。
四月五日：米軍政庁は一〇〇余名の全南警察を済州に急派し、済州警察監察庁内に済州道非常警備隊を設置（司令官は金正浩警務部公安局長）。米軍政庁は道令を公布して、済州の海上交通を遮断し、米軍艦艇を動員して海岸を封鎖。
四月八日：米国は駐韓米軍を四八年一二月末までに撤収させることを暫定的に決定。済州非常警備司令官金正浩は、武装隊に対する掃討戦を展開するという布告文を発表。
四月一〇日：国立警察専門学校幹部候補生一〇〇名が済州に派遣される。涯月新厳里で武装隊が警察支署を襲撃し、右翼人士と警察官を殺害。
四月一三日：第九連隊は北済州郡地区の警備、治安確保のために、済州邑に特別部隊を派遣。
四月一四日：最終選挙人登録の結果、済州道は一二万七七五二名中八万二八一二名が登録し、六四・九％（全国平均九一・七％）で全国最下位を記録。
四月一六日：ディーン軍政長官の命令により、国土全域で郷保団創設。警務公報室長の金大奉を、趙炳玉警務部長の特命で宣撫活動のために済州に派遣。

四月一八日：ディーン軍政長官がマンスフィールド中佐に、済州道駐屯警備隊の作戦統制権を一任し、武装隊指揮部との交渉を指示。柳海辰道知事他三二名を委員とした時局収拾対策委員会を結成。**武装隊が済州邑寧坪里、梨湖里、翰林面楮旨里、朝天面善屹里、新村などを襲撃、右翼青年団員とその家族を殺害。**
四月一九日：武装隊が朝天面新村里の投票所を襲撃・放火して、朝天面大青団員を殺害。
四月二〇日：米軍政は顧問官テレウス大尉と釜山第五連隊所属一個大隊を済州道に派遣。
四月二二日：済州非常警備司令部は、夜間通行禁止時間を午後八時から翌日の午前五時までに変更。金益烈第九連隊長が武装隊に平和交渉を要請するビラを空中撒布。
四月二六日：武装隊が三陽支署襲撃、道南里で、大青団員の母親殺害、家屋放火。
四月二八日：第九連隊長金益烈と武装隊総責の金達三の間で平和協商が進行。七二時間内に戦闘中止などに合意。
四月二九日：武装隊が新厳里を襲撃。
五月一日：吾羅里で武装隊と右翼青年団体との衝突でテロ・放火事件が起こり、平和協商が破棄される。済州邑都坪里で選挙管理委員長が殺害される。
五月四日：第一一連隊を創設して既存の第九連隊を吸収。
五月五日：済州邑米軍政庁会議室でディーン軍政長官、安在鴻民政長官、趙炳玉警務部長、宋虎声警備隊司令官、マンスフィールド中佐、柳海辰道知事、金益烈第九連隊長、崔天済州警察監察庁長などがいわゆる「五・五最高首脳会議」開催。武装隊が禾北里選挙管理委員会と内道里区長を殺害。
五月六日：金益烈第九連隊長解任、新任連隊長として朴珍景中佐が任命される。
五月七日：涯月面長田里、水山里で武装隊と警察とが激戦。
五月八日：武装隊が各面の公共機関を襲撃し、夜間には中山間オルムで烽燧《のろし》による示威を展開。
五月一〇日：五・一〇選挙実施。済州道は六二・八％と全国で最低の投票率を記録。北済州郡甲乙二選挙区は過半数に未達で無効となる。**中山間部落ごとに、武装隊が集団的に村の住民を懐柔し、投票を拒否させた。**武装隊が中文面上猊里を襲撃、大青団長夫婦と国民会上猊里の責任者を拉致・殺害。
五月一一日〜一九日：武装隊が済州邑頭豆里選挙管理委員長、大同青年団長とその家族を拉致・殺害、咸徳支署の警察官を拉致・殺害。
五月一二日：米軍政は駆逐艦クレイグ号を済州道海岸に急派し、海岸封鎖活動を開始。
五月一三日：武装隊が為美支署を襲撃し、警察官殺害。漢東里を襲撃し、家屋に放火し、警察官を殺害。
五月一四日：武装隊が細花支署、新厳支署、翰林里ソンミョン村襲撃。
五月一五日：第一一連隊が水原から済州道へ移動（連隊長に第九連隊長である朴珍景中佐が就任）。既存第九連隊は第一一連隊に編入。武装隊が梨湖里、翰林里を襲撃。
五月一七日：武装隊が大静里付近で大青団長をテロ・殺害。

五月一八日：国会選挙委員会がディーン軍政長官に、済州道北済州郡甲乙両選挙区に関して選挙無効を宣布することを建議。首都警察庁崔蘭洙警監が引率する特別捜査隊を済州道に派遣。
五月一九日：鉄道警察三五〇名と第六管区及び第八管区警察官一〇〇名など、総四五〇名を済州道に派遣。
五月二〇日：警備隊員四一名が慕瑟浦部隊から脱営して安徳支署を襲撃し、そのうち二〇名が大静付近で逮捕される。残りは入山して武装隊と合流。
五月二一日：南済州郡選挙区で呉龍国が国会議員に当選。
五月二五日：南労党機関紙『労力人民』が済州道事態に関して初報道。
五月二六日：ディーン軍政長官は済州道北済州郡甲乙両選挙区の選挙無効を宣言し、六月二三日に再選挙を実施することを発表。
五月二八日：柳海辰済州道知事が更迭され、済州出身の任瑄鎬が任命される。趙炳玉警務部長が治安状況の視察のために済州道を訪問。武装隊が下道里、金寧里、咸徳里を襲撃、支署に放火し、警察官と右翼団体幹部をテロ・殺害。楮旨里駐屯鎮圧軍が住民多数を殺害。
六月一日：朴珍景第一一連隊長が大佐に昇格。
六月二日：武装隊が朝天、咸徳、金陵などの部落を襲撃。
六月八日：鎮圧軍が楮旨里一帯の武装隊を討伐して、住民の家屋を焼却。
六月一〇日：六月二三日と決まっていた北済州郡甲乙両区の再選挙が無期延期される。警察官が乗った船舶が台風のために北村里の浦口に退避したことを発見した武装隊は、乗船中の警察官三名を殺害。
六月一一日：済州警察監察庁長崔天が監督不行き届きにつき停職処分。
六月一七日：済州警察監察庁長に済州出身の金鳳昊が任命される。
六月一八日：朴珍景第一一連隊長、宿舎で部下によって射殺される。ディーン軍政長官とロバーツ中将が済州を現地調査し、朴珍景連隊長の死体収拾後に帰京。
六月二一日：朴珍景大佐の後任として第一一連隊長に崔慶禄中佐、副連隊長に宋堯讃少佐が赴任。
六月二二日：鎮圧軍が北村里で九名、松堂里周辺で四八名の武装隊員を生け捕り。
六月二四日：ムルジャンオリオルムで武装隊と警察との交戦、警察官二八名が殉職。
六月二八日：警察がカムサン里のコクサンオルム近辺の武装隊根拠地を急襲、軍、警備隊が武装隊鎮圧作戦に参加。
七月一日：金鳳昊済州警察監察庁長は、警察の不法不正根絶を約束するとともに、帰順者は良民と認めることを闡明《せんめい》する。道内旅行証明書も廃止し、漁獲禁止も解除。
七月五日：木浦〜済州間定期連絡船旅行証明制度も廃止。ジョントル飛行場で武装隊容疑者八〇余名が処刑される。
七月一〇日：鉄道警察一〇〇名が済州道に派遣。
七月一五日：第九連隊を第一一連隊に配属し、再編成（連隊長宋堯讃少佐、副連隊長徐鐘喆大尉）

七月一九日：鉄道警察二〇〇名が済州道に派遣。
七月二〇日：李承晩が国会で大韓民国初代大統領に選出される。
七月二一日：三旅団二個大隊が釜山から移動して第九連隊に配属。
七月二二日：第九連隊本部が慕瑟浦大村兵舎から済州邑に移動。
七月二四日：第一一連隊が済州道から京畿道水原へ移動。
七月八月：南労党は朝鮮民主主義人民共和国樹立代議員選出のための地下選挙を実施。済州道では八五％が参加したが、全国では五％。
八月一一日：民保団創設。
八月一三日：旅行証明制復活。
八月一四日：朴珍景大佐暗殺事件の被疑者に対する高等軍法会議の刑確定。文相吉、申尚雨、孫善鎬、裴敬用は銃殺刑、梁会千は無期、姜承珪は五年の懲役。
八月一五日：大韓民国政府樹立公布。
八月二〇日：応援警察八〇〇余名が済州に派遣される。
八月二一日〜二六日：金達三など四人が海州で開かれた南朝鮮人民代表者大会に参席、金達三は済州事態に関して報告、主席団の一員に選出される。
八月二五日：済州道非常警備司令部が「最大の討伐戦が行なわれるだろう」という警告内容を含む布告文を発表。

八月二六日：駐韓米軍臨時軍事顧問団（ＰＭＡＧ）設置。
八月二九日：応援警察八〇〇名が済州に派遣される。
八月三一日：慶南第七管区警察庁が済州道応援警察に派遣される。
九月八日：済州邑三陽里居住の一三歳の少年が三陽支署で拷問致死。
九月九日：金日成を首相として、朴憲永、洪命熹、金策を副首相とする朝鮮民主主義人民共和国樹立宣布。
九月二六日：武装隊が道庁を襲撃、放火。
九月二七日：一般赦免令（大統領令第六号）公布。
九月中旬：中山間部落作戦地域設定、住民及び家屋の焼却作戦の実行開始。
一〇月一日：武装隊が鎮圧軍の指揮所（禾北初等学校）を襲撃、校舎など建物に放火。この事件が契機となって、鎮圧軍が村の住民を処刑。武装隊が中文面道順里、済州邑梧登里などを大規模に襲撃。
一〇月二日：首都警察庁と第八管区庁の応援警察隊が済州に派遣される。
一〇月五日：済州警察監察庁長に平南出身洪淳鳳が任命される。
一〇月一一日：済州道警備司令部（司令官、金相謙大佐）設置。
一〇月一七日：海岸から五㎞以上の地域では通行禁止実施。
一〇月一八日：済州海岸封鎖、麗水駐屯第一四連隊兵力の一部が済州へ増派されることになる。
一〇月一九日：第一四連隊で済州派遣を拒否する軍の反乱事件が発生。済州道警備司令官金相謙大佐は、第一四連隊反乱事件の責任を問われて罷免される。宋堯讃第九連隊長、済州道警備司令官を兼職。

一〇月二三日：武装隊が済州邑三陽支署、朝天面管内朝天、咸徳支署を攻撃する。

一〇月二四日：武装隊の李徳九司令官が政府に宣戦布告。

一〇月二六日：武装隊が涯月面高内里周辺で鎮圧軍を攻撃して、五〇余名を射殺、武器を多数鹵獲《ろかく》。この事件で村の住民が鎮圧軍によって犠牲になる。

一〇月二八日：第九連隊将兵一〇〇余名に対する南労党フラクション嫌疑事件発生。鎮圧軍が涯月面一帯で大々的な討伐戦を展開。

一一月一日：武装隊と内通していた嫌疑で一部の警察官が逮捕される「警察フラクション事件」発生。

一一月七日：鎮圧軍が旧左面杏源里の家屋二〇余棟に放火し、住民一〇余名を銃殺。軍警合同鎮圧軍が南元面中山間部落の衣貴、水望、漢南里を急襲し、家屋に放火、住民の多数を銃殺。武装隊が西帰里を急襲し、民家に放火。

一一月九日：金斗鉉済州道総務局長が西北青年団員に連行されて拷問致死。

一一月一三日：鎮圧軍が涯月面下貴里の住民家屋に放火し、住民二五名を銃殺。召吉里元洞村の住民五〇余名を集団銃殺。この頃から約四カ月間、中山間部落に対する集中的な鎮圧作戦が展開され、武装隊の同調者と住民を集団検挙、銃殺する事件が数多く発生する。

一一月一七日：政府は大統領令第三一号で済州道全域に戒厳令を宣布。

一一月一九日：済州警察監察庁長を済州道警察局に改編。
一一月二〇日：国防部が軍作戦と軍機を保護し、報道の正確性を期すという名目で、軍作戦関係記事の事前検閲を施行。
一一月二八日：武装隊が南元面南元里を襲撃し、住民五〇余名を殺害し、官公署と家屋三〇〇余棟を全焼させる。
一二月一日：国家保安法公布。
一二月三日：武装隊が旧左面細花里を大々的に襲撃し、警察官署と住民家屋一五〇〇余棟を焼却し、住民五〇余名を殺害。宋堯讃第九連隊長、米軍臨時軍事顧問団に「一一月二〇日〜二七日に暴徒（武装隊員）一二二名を生け捕り、五七六名を射殺した」と報告。
一二月一二日：国連総会は大韓民国政府を承認し、米ソ両軍の早急な撤収を要求する。
一二月一三日：西北青年会団員六二〇名が戦時警察に任命される。
一二月一五日：国軍組織法にしたがって統衛部は国防部に、朝鮮警備隊は大韓民国陸軍に改称。第九連隊は第二旅団に編入される。鎮圧軍は表善面兎山里住民一五〇余名を連行し、表善国民学校に収容し、一二月一八日〜一九日にかけて集団処刑。
一二月一六日：第二連隊選抜隊、済州に到着。
一二月一七日：米軍報告書、最近の第九連隊の鎮圧作戦を肯定的に評価。
一二月一九日：第九連隊選抜隊が済州から大田に移動。大同青年団と西北青年会が統合して大韓青年団を結成。済州に派遣された西北青年会員中の二五名は警察、二二五名は軍に入隊。
一二月二一日：鎮圧軍が、咸徳里国軍大隊本部に自首した朝天面管内住民一五〇余名を集団処刑。
一二月二二日：大田から第二連隊一大隊が済州に到着。鎮圧軍が、表善面加時里から疎開してきた住民のうち七六名を「武装隊家族」として集団処刑。
一二月二九日：第二連隊（連隊長：咸炳善）が第九連隊と交替で済州に駐屯。
一二月三一日：済州道地区の戒厳令解除。

◎一九四九年
一月一日：武装隊が済州邑梧登里に位置する第二連隊三大隊駐屯地を攻撃、抗戦した武装隊員一〇余名死亡、第二連隊将兵七名戦死。
一月三日：武装隊が済州邑三陽里、南元面下礼里、翰林面挟才里を奇襲し、住民多数を殺害。
一月四日：咸炳善第二連隊長が戒厳令の持続的な施行を要求。鎮圧軍が済州邑禾北里坤乙洞住民を武装隊同調者として集団銃殺。
一月七日：第二連隊本部を済州農業学校に置く。
一月一二日：武装隊は南元面衣貴里駐屯二連隊二中隊を奇襲したが、作戦に失敗。武装隊を撃退した鎮圧軍は翌日、衣貴国民学校に収容していた中山間村の住民八〇余名を銃殺。
一月一三日：武装隊が表善面城邑里を襲撃し、住民三八名を殺害、住民の家屋に放火。

一月一七日：「北村事件」発生。鎮圧軍が村周辺で武装隊の奇襲を受けて数名が戦死すると、近くの北村里の住民を集めて四〇〇余名を集団処刑した。
一月一八日：第三区警察署（慕瑟浦）と第四区警察署（城山浦）を設置。
一月二〇日：第二連隊が既存の第二旅団所属から陸軍本部直轄部隊に所属変更。
一月二二日：鎮圧軍が安徳面東広里と上倉里住民など八〇余名を、西帰浦の正房瀑布付近で集団処刑。
一月二四日：国務会議は済州道に国軍一個大隊の増派を議決。
一月二五日：韓国軍所属L－5連絡機二機を済州道に派遣。
一月三一日：陸軍本部が遊撃戦専門第六旅団傘下の遊撃大隊を済州に派遣。
二月四日：武装隊は済州邑に向かっていた第二連隊の兵力を旧左面金寧里付近で奇襲して、小銃一五〇丁を奪取し、兵士一五名と警察一名を射殺。鎮圧軍は済州邑奉蓋地域で鎮圧作戦を展開し、住民数百名を銃殺。
二月一二日：第二連隊の部隊員たちが観音寺を焼却。道内一五カ所の寺が鎮圧軍によって全焼し、三つの寺は一部だけが焼却された。
二月一九日：警察特別部隊（司令官：金泰日警務官）五〇五名が済州に派遣される。
二月二一日：武装隊が鎮圧軍を攻撃する。安徳面和順里付近で、武装隊は鎮圧軍の移動トラック二台を攻撃し、警察官数十名を殺害。
二月二三日：警察署の名称変更（第一区警察署→済州警察署、第二区警察署→西帰浦警察署、第三区警察署→慕瑟浦警察署、第四区警察署→城山浦警察署）。
二月二七日：第二連隊が済州邑禾北里で、一九四八年一二月の高等軍法会議で死刑宣告を受けた三九名に対して死刑執行。
三月二日：済州道地区戦闘司令部（司令官、柳載興第二連隊長）設置。
三月九日：武装隊がノルオルム付近で鎮圧軍と交戦し、鎮圧軍三〇余名射殺、武器多数鹵獲。
三月一〇日：李範奭国務総理と申性模内務部長官が済州道視察。
三月二一日：済州道の再選挙を一九四九年五月一〇日に施行すると公布。
四月二日：武装隊の指揮部の機能低下。
四月：北朝鮮人民委員会、金達三（二級）、李徳九（三級）に国家勲章授与。
四月七日：申性模国防長官と李允栄社会部長官が済州道訪問。
四月九日：済州道再選挙の有権者及び立候補者登録締め切り。
五月一〇日：国会議員再選挙実施、洪淳寧、梁秉直が当選。
五月：鎮圧軍が武装隊本部を攻撃、武器を多量に鹵獲。
五月一五日：済州道地区戦闘司令部解散、西北青年会団員で構成された第二連隊三大隊が撤収。
五月一八日：警察特別部隊が撤収。
五月二〇日：鎮圧作戦遂行中に戦死した一一九名の慰霊祭を挙行する。
五月二五日：第二連隊に配属された遊撃大隊を解体。

六月初め：鎮圧軍が表善面兎山里で武装隊に内通した容疑者である青年たちを連行、軍事裁判を経て処刑。

六月五日：武装隊は俗称「ムルチャンオリ戦闘」で鎮圧軍を撃退、奉蓋里作戦では大敗、村の住民が多数犠牲になった。

六月七日：武装隊総司令李徳九が警察によって射殺される。武装隊が和順支署付近で反共宣伝隊員を奇襲する。

六月二〇日：第二連隊が陸軍本部直轄から首都警備司令本部に編入される。

六月二三日：高等軍法会議開催。「受刑人名簿」には「六月二三日から七月七日まで一〇回開催、帰順者及び拉致された一六五九名に対して、敵に対する救援、通信連絡及びスパイ罪を適用し、有罪宣告をした」と記録されている。

七月七日：第二連隊二大隊、仁川へ撤収。

七月一五日：独立第一大隊（部隊長金龍周）、水原から済州に移動。

八月二〇日：済州地区衛戍司令部（済州駐屯部隊長　衛戍司令官兼職）設置。

九月一四日：木浦刑務所脱獄事件発生。脱獄者二八六名が射殺される。

一〇月二日：済州飛行場付近で、「一九四九年軍法会議」において死刑が宣告された二四九名の銃殺が執行される。

一一月一五日：国民会済州道支部長金忠正熙が済州道知事に任命。

一一月二四日：戒厳法制定公布。
一一月二七日：治安局の発表によれば、保導連盟に加入した転向者が済州では五一八三名。
一二月二〇日：済州道再建復興委員会（委員長　金忠熙済州道知事）が組織される。
一二月二七日：独立第一大隊が済州から撤収。

◎**一九五〇年**

二月一〇日：金忠熙済州道知事、政府に四・三被害状況を報告（人名被害三万余名、家屋損失四万余棟など、被害額が二〇〇余億ウォンと推定される）。
五月三〇日：第二代国会議員選挙、金仁善、姜昌瑢、姜慶玉が当選。
六月二五日：六・二五戦争勃発。済州道海兵隊司令官が済州道地区戒厳司令官を兼任する。治安局長は各警察局に、「全国の要視察人逮捕、及び全国の刑務所警備の件」を電話通信文によって緊急下達し、要視察人全員を直ちに拘束するように指示。
六月二九日：治安局長は済州道警察局長に対して、「不純分子の拘束の件」を下達し、保導連盟及びその他の不純分子を拘束、本官の指示がある時まで釈放を禁じると指示。
七月六日：済州地区非常戒厳司令官からの、「全済州地区予防予備検束者名簿提出の件」が済州道警察局長に下達される。
七月八日：戒厳法第一条によって全南と全北を除外した国土全域に戒厳を宣布。

七月初め：武装隊は人民軍歓迎会のために地下組織を各面で推進。
七月一六日：済州に陸軍第五訓練所設置。
七月二〇日：非常戒厳令が韓国全域に拡大。
七月二五日：武装隊が中文面河源里を襲撃し、民家に放火する。武装隊の一部は農村地域に浸透して政治活動を進める。
七月～八月：各警察署で予備検束者の処刑を始める。
八月四日：大統領緊急命令第九号で、郷土防衛令公布。
八月五日：慕瑟浦部隊において、海兵隊新兵の入兵式が挙行される。五賢高等学校学生四一三名が学徒兵に志願。
八月八日：済州地方検察長、法院長など道内の有力人士一六名が、「人民軍歓迎準備委員会」を結成した嫌疑で拘禁される。
八月三〇日：金斗燦海兵隊情報参謀が文亭淳城山警察署長に、予備検束者に対する銃殺命令、及び執行結果を報告するように指示。文署長は報告を拒否。
九月三日：「済州道人民軍歓迎準備会事件」被疑者釈放される。
九月一四日：済州道査察関係者連席会議で、予備検束者のうち悔悛の見込みがある者は釈放することを決定し、一七日に釈放。
一〇月一〇日：済州道地区の戒厳解除。

一一月七日：国土全地域の非常戒厳を解除。済州道と慶南地域を除いた三八度線以南に警備戒厳を宣布。

◎一九五一年

一月二二日：陸軍第一訓練所を大邱から済州道に移す。
一月二八日：武装隊が蓮洞支署を襲撃。支署長と区長を射殺。牛と食糧を奪取。
四月二四日：済州警察、一九五〇年一〇月一日～五一年四月二二日の戦果状況を発表（武装隊射殺五六名、武器鹵獲小銃一一丁、手榴弾二発、警察一七名死傷：死亡一五、負傷一一、行方不明二、民間人四二名死傷：死亡一、負傷三、拉致三八）。
五月一〇日：済州道陸軍特務隊創設。
五月二〇日：済州道に入島した避難民数が一四万八七九四名と推計される。
一一月：南労党済州の指導的人物である趙夢九が釜山で検挙。

◎一九五二年

一月二五日：大韓青年団特攻隊、済州劇場で創立。
四月一日：済州警察が治安局作戦指導班の指導下で、四月三〇日まで三〇日間の予定で、「済州道地区残匪殲滅作戦」を展開。

五月一六日：陸軍情報局、済州道武装隊（司令官・金成奎）規模を約六五名（武装三〇、非武装三五）と把握。
五月二八日：済州道議会が、残余武装隊完全殲滅策として、帰順すれば生命は保証するという要旨の下山勧告文を撒布。
九月一六日：済州放送局に武装隊五名が侵入、宿直中の放送課長など三名を拉致。
一〇月三一日：武装隊が西帰浦発電所を襲撃し放火。
一一月一日：済州道警察局、一〇〇戦闘警察司令部創設。
一二月二五日：済州地区武装隊の完全殲滅のために京畿、忠南、慶北から各一個中隊、計三個中隊の警察兵力を済州に派遣。

◎一九五三年

一月二五日：陸軍本部は虹部隊を一月二〇日～五月二七日まで陸軍諜報部隊（諜報部隊長・李哲煕大佐）に配属。
一月二九日：陸軍特殊部隊である虹部隊（少佐・朴蒼岩）八六名が済州道に投入。
五月一日：虹部隊が作戦を終了して撤収。
六月一五日：済州に派遣されていた京畿、忠南、慶北兵力が原隊に復帰。
一〇月一三日：第一〇〇司令部司令官金ウオンヨン総警の後任として韓在吉警監が任命される。

一一月二日：済州邑都坪里、老衡里の住民が北済州郡と警察に村の再建と復帰を陳情。その間、海岸部落に疎開していた中山間部落の人々も復帰し始める。

◎**一九五四年**

一月一五日：李慶進済州道警察局長が残余武装隊は六名のみと発表。

四月一日：漢拏山の部分的開放。山間部落への帰還。

九月二一日：漢拏山の禁足解除。

※　以上の玄吉彦作成の日誌と、それが参考にしたとする『報告書』の日誌との差異について、訳者の責任で簡略にコメントして、読者の理解に資することができればと思う。

『報告書』の日誌が玄吉彦のそれと比べて詳細なのは、アメリカ軍の動きについての記述、例えば吾羅里事件におけるそれなどであり、全体として四・三に対する米軍の関与、そしてその米軍と結託したとされる李承晩大統領、さらにその配下の軍警や西北青年団というように、言わば「悪の三位一体」を浮かびあがらせる記述になっている。またその一方で、ソビエトが米ソの合意に基づいて着実に北朝鮮からの撤退を進めたとする記述が、さりげなく挟み込まれ客観的な装いがなされている。その反対に済州の武装隊と南労党中央、さらには北朝鮮との関係を想定させかねない事項の記述は抑制されている。武装隊による攻撃とそれによる被害についての言及がないわけではないが、それもまた玄吉彦のそれと比べるとはるかに少ない。

他方、玄吉彦の記述の特徴をあげると、日本の植民地支配の終末期を前史として視野に入れて、その延長上に四・三を位置づけていることである。これは『報告書』の「日誌」が、三・一事件を起点として、無辜の犠牲者をもたらした米軍と軍警の横暴がクローズアップされているのと比べて大きな違いである。それに加えて、その三・一事件を筆頭に、四・三総体が南労党の緻密な戦略に基づいて準備され実践されたことを裏付けそうな事項の記述が甚だ多く、その延長上では、四・三武装蜂起の中心人物だった金達三、李徳九に対して「北」がいかに高く評価し優遇したかが、勲章授与といった形で取り上げられ、「北」、南労党中央、そして南労党済州の三位一体が浮かびあげるような記述になっている。

以上が二つの日誌のおそらくは最大の差異もしくは対立なのだが、日誌のゴシック体の部分とその他の部分を丁寧に対照して読んでいただければ、その他にも大小様々な差異が浮かび上がってくるはずである。

（訳者）

訳者あとがき

玄 善允

本訳書の底本は韓国の백년동안社（「百年間」社）から二〇一四年に刊行された玄吉彦著『島の反乱、一九四八年四月三日』（섬의 반란 一九四八년四월三일）である。そこで、先ずは原著者を紹介し、次いで原著と本訳書との異同について触れ、最後に本書刊行の趣旨を述べて、読者の理解の一助となることを期待したい。

●人間・玄吉彦

玄吉彦は、一九四〇年に韓国・済州で生まれ育ち、長じて後にもその地で教職に就く傍ら、済州の伝説、民話などの収集と研究、玄鎮健を中心とする韓国近現代文学の研究、そして小説執筆を続けた。四〇歳になってようやく韓国の中央文壇にデビューし、それとほぼ時を同じくして、職場を済州大学校からソウルの漢陽大学校に移した。その後は、韓国近現代文学及び創作についての研究、教育、さらには創作に勤しみ、『身熱』で緑陰文学賞（一九八五年）、『司祭と供物』で現代文学賞（一九九〇年）、

『女の江』で大韓民国文学賞（一九九二年）など、数々の文学賞を立て続けに受賞して、まさに「遅咲きの大器」（大村益夫）と称されるにふさわしい活躍を続けた。しかもそれと並行して、研究者、教員としてもその篤実で精力的な活動を高く評価され、数々の賞を授与されてきた。

二〇〇三年に定年で漢陽大学校教授を辞してからは、モンゴルのウランバートル大学韓国学研究所所長として海外での韓国文化、文学研究者の育成に努める傍ら、季刊雑誌『本質と現象』の主宰者として韓国社会・文化に関する言論活動を精力的に展開している。その真骨頂は何といっても衰えを知らない創作活動と言うべきだろうが、知識人としての使命感と実践力、そして、篤実な職業人、生活人としての面貌も看過するわけにはいかない。生活感覚、現実感覚を失うことなく文学活動に精進してきた半生と言ってよかろう。

玄吉彦自身は自らの思想や著作活動に関して、済州人、キリスト教徒、文学研究者、さらには小説家といった多様な側面によって構成されるとしながら、それらの多様性を〈周辺〉というキーワードで統合する。中心部から発せられる多様な理念やイデオロギーや権力による個人の生の抑圧の様相を緻密に描写・分析することによって、それらを徹底的に批判しつつ個人の生の側に立つこと、それこそが〈周辺人〉たる彼の文学のみならず生の原則でもある。したがって、その批判の鉾先は、彼が愛してやまない済州人とその社会であれ、また、彼が信仰するキリスト教とその共同体であれ、免れることはない。一方には現実に密着しようとする志向性があり、他方ではそれを客観的に把握し認識するにあたって必須の距離を保とうとする志向性がある。その両者の厳しい拮抗によって生み出されるリアリズム精神、そしてそれに見合った透明で理知的な文体は、玄吉彦という作家に理念や正義といったものへの安易な心情的一体化や集団的熱狂を許しはしないのである。

以上は筆者が玄吉彦著『戦争ごっこ』（岩波書店、二〇一五年）を翻訳刊行する際に付した訳者解説の一部をほぼそのままに再録している。関連事項についてより詳しいことを知りたい方は、その全文を参照していただければ幸いである。

●作家玄吉彦と四・三

次いでは、作家玄吉彦と四・三との関係である。本文でも触れられているように、四・三は作家としての玄吉彦にとっても原点とも言うべき経験であり、玄吉彦自らが「四・三に対する負債」という言葉でそれについて語っている。四・三に現れた人間存在と社会総体の問題を描ききることが、作家としての自身に負わされた第一の義務と自覚しているのである。

そしてなるほど、彼の作品群の中にはいわゆる四・三小説と命名される小説群があり、その代表的なものを挙げると、「帰郷」「わが家の祖父」「火と灰」（以上はすべて英語訳が、しかも「わが家の祖父」については合わせて日本語訳も刊行されている）などの中短編、さらには未完に終わった長編『漢拏山』など、多種多様な手法と角度から四・三を描く実験を積み重ねている。それらの多様な作品に共通する特徴があるとすれば、等身大の人間が悲劇的な状況を生きる姿が抑制された筆致で描かれていることだろう。例えば、『漢拏山』では、実に様々な階層の多様な思想や性格の人々が事件に懸命に対処しようとしながらもついにはそれに翻弄されてしまう。特権的なヒーローなどは存在せず、まさしく普通の人間たちがうごめく世界なのである。それを例えば、在日作家の金石範の『火山島』と比較すると、まったく対蹠的な世界と言わねばならない。

また、必ずしも四・三小説の範疇に属さない彼の作品でも、四・三で問われた問題と関係のない作品は皆無と言ってよいだろう。彼にとって極めて重要な周辺人、キリスト者といった自覚もまた、四・三の経験とそれに由来する思索と密接に関連している。例えば、大韓民国文学賞を受賞した『女の江』などでは、上で触れた玄吉彦の多様な自覚が網羅的で重層的に展開するのだが、そこでも四・三は女主人公の波乱万丈の人生の起点となっている。また、児童小説三部作（邦訳タイトル）『戦争ごっこ』でも、四・三は主人公の成長過程における決定的な体験に他ならない。

●四・三に関する評論活動と本書

そんな玄吉彦が近年は自ら主宰する季刊雑誌『本質と現象』誌を中心に、四・三事件に関して積極的な評論活動を展開し、その結果、本書冒頭で著者自ら語っているように、韓国とりわけ彼が愛してやまない故郷済州のメディアや四・三関連団体で物議を醸し、悪罵を浴びたりもしている。それはともかく、そうした評論活動の一部が本書の底本である『島の反乱　一九四八年四月三日』として一冊にまとめられたのである。そこで、その原著が先に触れた彼の評論活動総体とどのような関係にあるのか、さらには、四・三をめぐっての激しい対立と原著との関係の輪郭などが少しでも推察できるように、四篇の評論のタイトルを、それぞれの章立てのタイトルも含めて以下に紹介しておきたい。

1「受難史と抵抗史―済州近・現代史に対する省察的認識―」

『本質と現象』二八号（二〇一二年夏号）、一五六―一七八頁

問題と方法

歴史に関するイデオロギー的理解

（1）三別抄の抗蒙精神

（2）李在守の乱と抵抗の論理

済州四・三事態に対する認識と問題

（1）済州四・三事態を見る様々な立場

（2）抵抗史の論理

（3）資料の選択と解釈――記憶の歴史の限界

（4）政府主導の済州四・三事件の問題解決の問題点

済州四・三事件に対する受難史的理解と周辺性

2「過去史清算と歴史づくり」

『本質と現象』三二号（二〇一三年夏号）、一二一―一五三頁

問題
法律の問題
政治的事案と歴史的真実
（1）済州四・三真相究明のための道民の活動
（2）委員会組織
政治権力と歴史の歪曲の実相
（1）政治的意図で作られた報告書
（2）報告書の内容の問題——四・三事件の勃発とその性格
（3）四・三事件と南労党
（4）単選反対という名分による統一政府樹立の虚構性
（5）資料選択の問題
歴史的真実と政治的権力
3「『済州四・三事件真相調査報告書』の問題—事件の主体と記述者の立場—」
『本質と現象』三四号（二〇一三年冬号）、七八–一〇六頁
問題
済州四・三事件の主体

（1）南労党とその追従勢力、そして犠牲者
（2）事件の主体の様々なレベルと大韓民国政府――大韓民国政府には反乱勢力を鎮圧する責任がある
（3）南労党を主体とした『報告書』
『報告書』の記述者の立場
（1）記述者の類型と立場
（2）『報告書』記述者の混乱した態度
（3）三・一事件に対する記述態度の混乱
（4）三・一事件と四・三事件の関係に関する記述
（5）歴史的記述者の立場における四・三事件の理解
文は真実を語る――歴史主体に関する認識と記述の態度

4「済州四・三事件とは」
『本質と現象』三五号（二〇一四年春号）九八―一五一頁（本書の第1章とほぼ同じなので、章のタイトルは割愛）

本書の底本である『島の反乱　一九四八年四月三日』は、その第1章が右記4をほぼそのままに再

録したものであり、第2章は右記2のエッセンスだけを再録し、第3章は書き下ろしとなっている。しかし、本書では原著者の意向もあって第2章を割愛し、日本の読者の便宜のために原著者作成の「四・三事件日誌」を付け加えた。因みに、本書で割愛した原著書の第2章の項目見出しは次のとおりである。

盧武鉉政府の「過去史清算の反歴史性」
「委員会」組織の問題
政治権力と歴史歪曲の実相

したがって、原著は第1章が玄吉彦の四・三事件論（客観を目指した歴史的叙述）、第2章が参与政府（盧武鉉政権）による正史記述の問題性（権力と歴史）、そして第3章は著者が自ら経験、見聞した四・三事件の語りであり、一つの家族、親族の中に多様な対立構造が組み込まれ、あげくは殺し殺される構造が成立してしまった無念さが、実に淡々と記述されているというように、全体として客観と主観の両面から四・三への接近がなされている。

●本訳書刊行の趣旨

本書での著者の意図もしくは四・三について語る際の原則は明瞭である。何らかの理念や利害関係などに拘束されることなく事実を検証する真摯な姿勢と、事件を生きた（あるいは亡くなった）人々の体感に寄り添う謙虚な気持ちさえあれば、四・三の真実が明らかになるというのである。その点について訳者は大いに共感する。しかし、だからと言って、そうした信念やそれに基づく視座が、個別の事象に対する玄吉彦の判断の正しさを保証するとは限らないのだから、著者に対する共感を根拠にその議論が全面的に正しいなどと主張するつもりはないのである。そもそも、四・三ばかりか済州についても十分な知識も経験もない訳者に、玄吉彦の議論の正誤を判断する資格があるはずもないし、読者の読み方を拘束するような文章を書きたいとも思わない。

とは言え、訳者は誰に求められたわけでもないのに、本書を訳出し、それを公刊したいと望み、それにこぎつけたということはまぎれもない事実である。そこで、訳者が本書を訳出・刊行したいと思ったのは何故なのか、その骨子に限って簡略に述べておきたい。その程度の義務が訳者にはあるだろう。

その理由は大別して二つある。

一つは、日本における四・三に関する議論の多様性を確保したかったのである。日本での四・三に関する議論はこれまで、在日の小説家である金石範や詩人の金時鐘が独占・主導してきたような印象が強く、そうした事態に対して、訳者は久しく違和感を拭えなかった。金石範の『火山島』は四・三を題材にした一つの文学的達成であることは疑いを容れないのだが、だからといってそこに描かれたものが四・三の実相であると即断するのは慎むべきであるというのが筆者の考えなのである。済州出身の両親のもとに生まれて、民族解放運動の影響下で思想形成をしながらも、四・三その他の「祖国の岐路」に参加できなかったことなど、在日の条件などがもたらした様々な条件とそれに伴う想いが文学的に昇華された『火山島』！　それはあくまで文学作品なのであり、そういうものとして扱われるべきであろう。金時鐘の四・三語りにも、その現場から逃亡した罪責感その他のバイアスを考慮することなしに文字通りに受け取るのは危険である。あくまで個々人の色が濃厚な陳述、もしくは作品として受け取り、それにふさわしい扱いをしてこそ、それらは真価を発揮するはずである。そこで、彼らの議論を相対化しうるものとして本書は格好のものだと訳者は考えたのである。

本書刊行へ訳者を駆り立てたもう一つの理由は、四・三に関する議論の対立の根がどこにあるかについて、玄吉彦の議論が非常に示唆的だと考えたことである。

『真相報告書』と玄吉彦の対立には、資料に対する価値判断、そしてそれに基づく資料の取捨選択といった歴史叙述における必須で基本的な問題がもちろん絡んでいる。しかし、それだけではない。むしろ、同じ事実を巡っての解釈の差違、そしてその解釈の基盤になっている何ものかの差違・対立に由来するように思える。その何ものかとは、歴史観、国家観、権力と歴史記述との関係についての立場、個々の資料に対する評価を基礎づける体験と信憑（世界観、人間観）といった、はなはだ曖昧そうでも実は人間を根底的に突き動かす何ものかである。四・三の真実をめぐる対立は、そうした個々人の言わば世界観、人間観に関わっているということを、訳者は玄吉彦の『報告書』批判を読みながら痛感させられた。自分にとって快い環境、それにまつわる思考回路や思考方法、そして心情といったものから四・三を判断し、正義を気取るわけにはいかないことを今更ながらに思い知ったのである。だからこそ、もっぱら自分の勉強のために翻訳しているうちに、その読書体験を日本で暮らす様々な人々と共有したいと思うようになったのである。

私たちは四・三に関して甚だ無知であるとともに、世代的にも地理的にも、四・三に関して一定の留保を許された特権的な位置にある。その特権を活かすには、無知をとことん思い知った上で、四・三をめぐる対立の深層に目を向けて自らの位置を探りながら、改めて朝鮮半島のみならず、日本の、そしてアジアの近現代史を見直すべきではなかろうか。そうしてこそ、他者の言葉に対する理解力が培われるだろうし、それと同時に、他者に対する寛容の困難さも少しは実感できそうな気がする。

もっぱら正義や真実といった往々にして独善の色濃い高処から心情的な言葉を応酬する愚は避けて、四・三を生きた人々、そして、その後裔として四・三の残響の中にいる人々、そうした人々の生活や心情に寄り添う姿勢、そういうものを本書を通じて読者の皆さんと共有できることを願っている。

著者略歴

玄吉彦（ヒョン・ギロン）

1940年韓国済州島生まれ。わずか8歳で済州四・三の残酷な現場を全身で体験した。

済州大学、成均館大学（修士）、漢陽大学（博士）にて学ぶ。済州大学教授を経て、漢陽大学で定年を迎えた。1980年に「現代文学」誌を通して小説執筆を始め、「竜馬の夢」をはじめとして10余巻の中短編小説集と、「漢拏山」をはじめとする数多くの長編小説を刊行したことが認められて、現代文学賞、大韓民国文学賞、緑園文学賞、キリスト教文学賞などを受賞した。現在、「平和の文化研究所」所長、学術教養誌『本質と現象』の発行人兼編集人の傍ら、小説執筆、研究を継続している。

訳者略歴

玄善允

1950年生まれ。大阪大学文学部（仏文）を卒業。大阪経済法科大学アジア研究所客員教授。関西学院大学講師。

主な著作に『「在日」の言葉』（同時代社）、訳書に『戦争ごっこ』（玄吉彦、岩波書店）などがある。

島の反乱、一九四八年四月三日　済州四・三事件の真実

2016年4月20日　初版第1刷発行

著　者　玄吉彦
訳　者　玄善允
装　幀　クリエイティブ・コンセプト
発行者　高井　隆
発行所　同時代社
〒101-0065　東京都千代田区西神田2-7-6
電話　03(3261)3149　FAX　03(3261)3237
組　版　有限会社閏月社
印　刷　中央精版印刷株式会社

ISBN978-4-88683-798-1